JN014197

WHERE HAPPINESS WORKS

本当の「やりたいこと」が見つかる
ハカセのマーケティング講義

井上大輔

東洋経済新報社

# 幸せな
# 仕事は
## どこにある

## この本のコンセプト

幸せに働きたい。月曜日の朝に目が覚めたら、これから始まる1週間にワクワクしているような仕事がしたい。
出世なんてしなくても、有名にならなくてもいいから、本当の「やりたいこと」を見つけ、それを誰にも壊されないような働きかたを見つけたい。

この本はそう思っている人に向けて書きました。

そんな「幸せな仕事」が見つからないのは、「見つけるための方

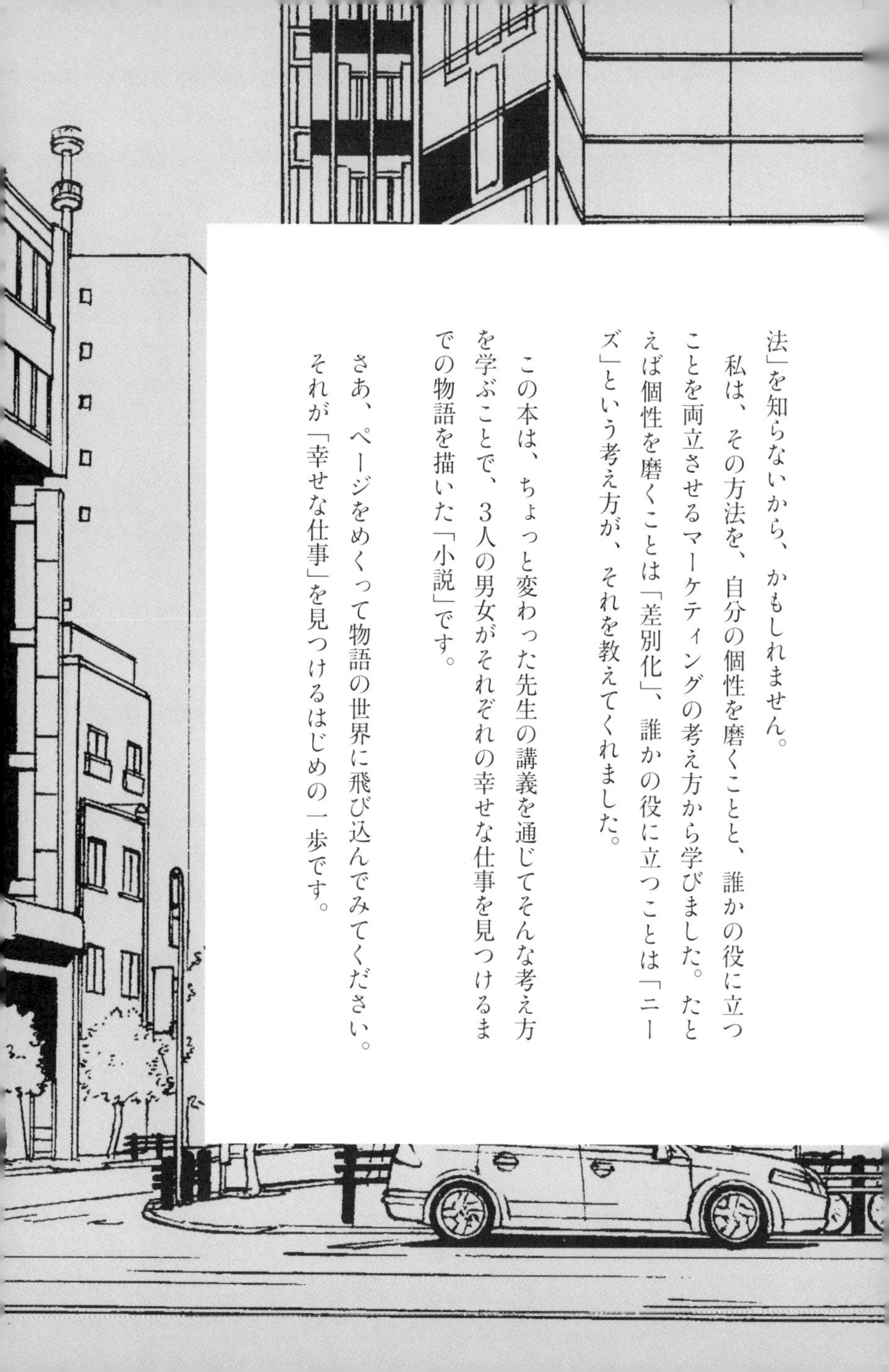

法」を知らないから、かもしれません。

私は、その方法を、自分の個性を磨くことと、誰かの役に立つことを両立させるマーケティングの考え方から学びました。たとえば個性を磨くことは「差別化」、誰かの役に立つことは「ニーズ」という考え方が、それを教えてくれました。

この本は、ちょっと変わった先生の講義を通じてそんな考え方を学ぶことで、３人の男女がそれぞれの幸せな仕事を見つけるまでの物語を描いた「小説」です。

さあ、ページをめくって物語の世界に飛び込んでみてください。

それが「幸せな仕事」を見つけるはじめの一歩です。

# プロローグ

「あの桃太郎社長が『ダメ社員』だったんですか？」

僕は慣れないバーカウンターで足置きから足を滑らせ、危うくスツールから転げ落ちそうになった。アコさんは「フフッ」と短く笑い声を出し、あとはしばらくうずくまるように無音で肩を震わせていた。アコさん独特の「爆笑」だ。

「そうだよ」

ようやく笑いがおさまったアコさんは、顔を傾けて右手で涙を拭くと絞り出すようにそう言った。

「桃太郎社長」こと川上桃太郎さんは、僕の勤めるアメリカの大手ＩＴソリューション会社、デルファイの日本法人社長だ。

デルファイ・ジャパンの40年近い歴史の中、社長にまで上り詰めた唯一の日本人、ということになる。

現在45歳で、社長就任時の41歳というのは史上最年少でもあった。

180センチの高身長で顔立ちはどこかインターナショナルなのだが、その名前が示すとおり純日本人で、帰国子女でもなければ留学経験もないという。


デルファイの社員は幹部でもビジネスカジュアルが主流なのだが、桃太郎さんはいつもテーラー仕立てのスーツにネクタイ姿だった。

トイレに行くのにも上着を脱がない、というのは社員の間で有名な話だ。

趣味はゴルフと車と筋トレ。自宅にはジムさながらのトレーニング機器が揃っている。


ところで、なんで僕がこんなに桃太郎さんのプライベートに詳しいのかというと、社内では公然の秘密になっているインスタに私生活がよくアップされるからだ。

新卒7年目でまったく目立つところのない僕が、仕事で桃太郎さんと直接接することはほとんどない。


「ちょっと信じられないです。僕にとっては生きる伝説のような人なんで。桃太郎さん会議には、何度か末席で出席したことがありますけど、みんな言うとおりコメントがキレキレでした」
「でもあのころは本当にお荷物だったんだよ。それでも絶対に辞めない根性だけは、当時からすごいと思ってたけど」
「社長になるような人って、入社した瞬間から異次元のエースなのかと思ってました。逆に当時のエースって誰だったんですか？」

そう尋ねると、アコさんは目の前のウィスキー棚を見上げて、長方形にカットされたハイボールの氷をグラスの中で回転させた。

桃太郎さんのアシスタントである内田麻子さん、通称アコさんは、口数は少ないながら誰とも壁をつくらず、包み込むようなオーラで人を引き寄せる不思議な魅力の持ち主だった。

よく喋りはするがクールで人を寄せつけない雰囲気の桃太郎さんとは対照的だ。

アコさんは同期の桃太郎さんのことを、社員のいる前では「モモさん」と呼んでいるが、たまに「桃太郎」と呼び捨てにする。

そんなこともあって、いずれも独身のアコさんと桃太郎さんが、実は付き合っているのではないか？という噂が社内では常に絶えなかった。

「エースかどうかはわかんないけど、GLPに選ばれたのは私だったよ」

僕はふたたび足を滑らせそうになったが、今度は両足をしっかりと足置きに乗せていたのでなんとか踏みとどまった。

GLPとは、グローバル・リーダーシップ・プログラムの略で、世界中から将来の幹部候補を選びエリート教育をほどこすデルファイ特有の人事制度だ。

GLPメンバーには、将来本社でのマネージャー経験が約束されるほか、特別な研修を受ける権利が与えられ、キャリアや仕事の相談ができる「メンター」もつけてもらえる。

GLPの枠は毎年全世界で指折り数えるほどしかなく、英語力の問題もあってそもそも日本支社から選ばれること自体がレアケースだった。

「え、アコさんってGLPメンバーだったんですか。ってことは、本社にいたんですか？」

「いたよ。3年間」

「すごいな。新卒のころ、いろんな人事制度の説明を受けたときに、日本からGLPに選ばれた人が10年以上前に1人だけいた、って人事から聞きました。それがアコさんだったんですね」

僕がそう言うと、アコさんは唇を噛んでスローモーションでうなずいた。

自宅から一駅離れたところにあるキックボクシングジムに通おうと決心したのは、運動不足で健康診断の結果がいよいよ洒落にならなくなってきたのと、「自信」と「闘争心」を身につけたかったからだ。

ジムでアコさんとばったり会ったのは、３回目の練習を終え、床に座ってストレッチをしているときだった。

僕たちはそのときがほとんど初対面といってよかった。

何度か桃太郎さんの予定確認でメールのやりとりをしたことがあったのと、同期に誘われた社内の飲み会で一度顔を合わせたことがあったくらいだ。

そんなわけで、僕としては、まずアコさんが僕を覚えていてくれたことが嬉しい驚きだった。

社員の顔と名前をしっかりと覚えておくのも、忘れっぽい桃太郎さんのアシスタントとしては大事な仕事なのかもしれない。

アコさんはそのジムの古株で、設立当初の10年前から通い続けているという。

華奢なアコさんとキックボクシングはミスマッチにも思われたが、その穏やかでいて何事にも動じない芯の強さは、格闘家のそれと言われればたしかにそうなのかもしれない。

そんなことをぼんやりと考えながら雑談しているうちに、実はお互いの最寄り駅も隣の祐天寺で一緒だとわかり、その日はアコさんの知り合いが営む祐天寺のバー「とまり木」で一杯飲んでいくことになったのだった。


「お荷物といえば、今なら僕が他の追随を許さないですよ。ここ数年は『クビにならない』っていうのを目標にやってきましたけど、ぶっちゃけそろそろ転職かなとも思ってます。今さらですが、僕はどうもこの会社には向いてないみたいです」

「どうして？」

「自信と闘争心が必要だ、って上司に言われるんです。こういう会社で生き残るには仕事のスキルだけじゃダメなんだ、って」

「一郎くんもそう思うの？」

「たしかに桃太郎さんはじめうちの会社で上にいってる人って、自信に満ちあふれていますし闘争心もすごそうだなって思います。桃太郎さんは昔からあんな感じだったんですか？」

「そこは昔から変わらないかもね」

「やっぱり大事なんですかね、自信と闘争心って」

「でも桃太郎の場合は、逆にそれだからこそ、最初の数年間はまったく評価されてなかったんだと思うけどな」

「自信と闘争心があったから評価されてなかった、ってことですか？」

「俺はあいつらよりできる、みたいな態度が煙たがられてたし、それでいてイマイチ結果は出せてなかったからちょっと浮いてる感じだった」

「たしかにそれはウザいかもしれません。でもそういう感じの人って、大体評価されずに腐っていって、最後は追い出されるように辞めちゃうのが『あるある』な気がします。桃太郎さんは何が違ってたんですかね？」


そう尋ねるとアコさんはふたたびウィスキーの棚を見上げ、ハイボールの氷をグラスの中でもてあそびはじめた。

ハイボールはほぼ飲み干され、浮力を失った氷は、うまく回転できずにグラスの中でただコトコトと音を立てている。

次の瞬間、アコさんは急に振り向くと、僕の目を見つめてこう言った。

「ハカセのマーケティング講義」

「マーケティング」という言葉に対する僕のイメージは、あまり良いものではなかった。

インスタやXで語られるマーケティングのノウハウは、いかにもうさん臭い情報商材のようなものが多いし、社内でもマーケティング部門はお世辞にも花形とは言えない。

デルファイは、世界中のＩＴ企業からソリューションを仕入れて、現地の企業向けに販売するいわば「営業代行」の会社だ。つまり徹底的に営業の会社なのだ。

マーケティング部というのもあるにはあるのだが、年に2回開催されるクライアント企業向けのイベント「デルファイ・エクスポ」を主催しているほかは、何をやっている部署なのか7年選手の僕にも正直よくわからなかった。

むかしマーケティング部に異動した先輩が、冗談混じりにこんなことを言っているのを聞いたことがある。デルファイにおけるマーケティング部は、主演か助演かでいえばエキストラだ、と。もちろん主演は営業だ。


「ハカセのマーケティング講義？　『ハカセ』って誰ですか？」

「田中博士《ひろし》さん。当時のうちのマーケティング部長。桃太郎と私は『ハカセ』って呼んでたんだ」

「アコさんは当時マーケティング部だったんですか？」

「ううん、フィールド営業」

「なんでアコさんが、マーケティング部の部長さんからマーケティングを教えてもらうことになったんですか？」

「ハカセは当時私の『メンター』だったの。ＧＬＰのメンターは所属部署以外の部門長がやる、っていうのが決まりなんだけど、みんな勝手がわからないから押しつけあって、結局当時広告代理店の『博通』から転職してきたばっかりだったハカセにお鉢が回ってきたんじゃないかな」

「ハカセは今もデルファイにいるんですか？」

「今は政経大学で教授をやってる」

「実際に『ハカセ』になったわけですね」

「当時から実際に『ハカセ』だったよ。私と同じ大学出身で、大学院まで進んで博士《はくし》号をとってから博通に就職したって言ってた」

「アコさんは何大学なんですか？」

「東京大学」

「東大！　すごいですね」

「私は全然すごくないけど、ハカセは本当にすごい人だったんだよ。本なんかも何冊か書いてて、当時マーケティングの世界では結構有名な人だったみたい」

「うちにもそんなすごい人がいたんですね」

「メンターはキャリアのアドバイスをするのが本当の仕事なんだけど、私のほうからマーケティングを教えてくれませんか？ってハカセにお願いしてみたの」

そう言うと、アコさんはスマホで政経大学のホームページを開いて、ハカセの顔写真を見せてくれた。

その人は、たしかに「ハカセ」という感じのルックスだった。

写真でも強い度が入っているとわかる黒縁メガネの奥には鋭い目が据わっているが、無理やりつくった微笑みは少年のように不器用で、それが見る人の警戒感を解く。

この人は何か好きだな、と僕は直感した。と同時に、この人にうちの会社におけるキャリアアップの相談をするのはたしかに何か違うかな、とも思った。

「ちなみにこう見えて元バンドマン。そして走り屋」

「え、そうなんですか？　バンドマンで走り屋？」

誰かの意外すぎる過去も、3度目ともなると聞き流せるようになっていた。

バーの高いスツールにも慣れてきたようだ。

「僕も大学でバンドをやってたんでハカセには親近感なんですが、正直広告とかマーケティングって好きじゃないんですよね。なんか人を騙《だま》すようなイメージがあって」

「私も最初はそう思ってた。でも、顔合わせの面談でハカセの話を聞いて、少し見方が変わったの」

マーケティングとは儲けるための仕組みづくりである。

自動的にモノが売れる状態をつくることである。

たまにインスタやXで出くわす「マーケター」たちは、たしかそんなことを言っていた。

「『顧客の期待に応えようと努力することで、顧客から必要とされる存在になるだけじゃなくて、顧客に自分の個性を見つけてもらうこともできる考え方』なんだって聞いて」

その意味するところはよく理解できなかったが、アコさんが語るハカセのマーケティング問答は、たんぽぽの綿毛のように僕の心にひっかかった。

ハカセの少年のようなボサボサ頭とはにかみが、再び脳裏にふわっと浮かび上がる。

「マーケティング、なんかちょっとくわしく知りたくなってきました」

アコさんは僕の目を見てゆっくりとうなずいた。

「当時はハカセもまだデルファイに来たばっかりで、何となく時間を持て余してたみたい。それで毎月第一水曜日の午後に1時間、私にマーケティングの講義をしてくれることになったの」

「キャリアの相談より、たしかにそっちのほうがよさそうですね」

「そして、そこにもう1人、時間を持て余していた人がいたわけですよ」

「桃太郎さんですね」

「そのときは桃太郎もフィールド営業だったんだけど、数字もクリアしていないのに上司に楯突いたりして干されてたんだ」

「仕事を与えてもらえてなかった、ってことですか?」

「会社に来ても基本することがないから、調べ物をしてレポートを書いたり、それでも時間が余ったら苦手な英語の勉強をしたりしてた」

「僕もお荷物っぷりなら負けないと思ってましたが、それを聞くとちょっと自信なくなってきました」

「それでハカセにお願いして、桃太郎も一緒にマーケティング講義を受けさせてもらうことにしたの。どうせ暇してたわけだし、何かのきっかけになるかもしれないと思って」

「まさにそれがきっかけになったわけですよね。でも、いくらマーケティングに詳しくなったとして、それって実際、うちの会社ではあんまり評価されなくないですか?」

「マーケティングの知識を直接業務に活かしたわけじゃないんだ。マーケティングの考え方を使って、自分たちのキャリアとか働きかたを見直していった」


キャリアと働きかたを見直す。といっても。いったい何をどう見直したら、いまの僕よりひどいお荷物社員が、日本人初にして史上最年少のデルファイ・ジャパン社長になることができるというのか？

　また、同じくらい想像つかないのが、それと同時にアコさんがたどったキャリアだ。

　ＧＬＰに選ばれるくらいのスーパーエリートで、本社のマネージャーまで務めたアコさんが、その後部長にも本部長にもならずに桃太郎さんのアシスタントに落ち着くまでのいきさつやいかに。


　その２つの秘密の鍵は、どうやら「ハカセのマーケティング講義」が握っているようだ。


「一郎くん、ハカセの講義に興味ある？」

「めちゃくちゃあります」

「家に録音とノートがあるよ」

「まじですか？」

「あとで聞き直せるように毎回録音させてもらってたんだ。桃太郎がサボることもあると思って。実際に桃太郎はよくサボったし、私もアメリカ時代にハカセの声が聞きたくなってたまに聞き直したりしてた」

「その録音とノート、貸してもらうことってできたりしますか？」

「いいよ。でも、そうしたらこうしない？　来週からキックボクシングの帰りに、ここに2人でご飯を食べに来る。そして、毎回1つずつハカセの講義を聞いて、それを桃太郎がどう自分のキャリアに活かしていったのかを私が解説する」

このときの僕の表情は、いままで生きてきた中でいちばん出来のいい「鳩が豆鉄砲を食ったような顔」だったことだろう。

「ハカセの講義は純粋にマーケティングのお話で、それをどう自分のキャリアに活かすか？は録音を聞いただけじゃわからないと思うの」

僕は無言で大きく2回うなずいた。

「私も久しぶりにハカセの声が聞きたくなってきたし」

このようにして「ハカセのマーケティング講義」の幕は開いた。

毎週水曜日夜8時。場所は祐天寺のバー「とまり木」。

これまでパッとしなかった僕の人生にも、いよいよ転機が訪れるのかもしれない。

そう考えると、僕はテンションがあがって深夜のアパートで叫び声を上げてしまった。

隣人が「ドン」と壁を叩いたので、僕は壁に向かって頭を下げた。

幸せな仕事はどこにある

# 目次

第一講

# 「差別化」

バー「とまり木」のコンセプトは「森」だそうだ。

店主の佐々木さんも実はデルファイの元社員で、在籍時はアコさんと同じ部署だったらしい。佐々木さんは中途入社なので年次はあまり関係ないが、年齢的にはアコさんの後輩にあたる。

アコさんは、佐々木さんがデルファイを辞めてバーを始めるのには反対していたそうだが、オープン後は賛成していた誰よりも頻繁に来てくれているのだという。

なんで祐天寺につくるの？というのがそれに対するアコさんの言い分だ。

佐々木さんはバーの内装にはとてもこだわりがあり、この界隈のバーでは破格の予算をかけたという。中でもいちばんの自慢は、一枚板のバーカウンターだそうだ。スノボに訪れた白馬でこの野性味あふれる「水目桜」に出会っていなければ、脱サラしてバーを始めたりすることはなかっただろう、と語る。

アコさんの周りには、どうも変な人が多い。

僕が足を滑らせた足置きもよく見ると無垢《むく》材の細い丸太で、天井には長細い無垢材の板が張り巡らされている。

とまり木の「洞窟」を意味する「ケーブ」は、店のいちばん奥にある半個室だった。僕たちはここを使わせてもらうことになっていた。

当初佐々木さんは、このケーブを仕切るアーチを、大人がしゃがんでなんとか入れるくらいの大きさにしたかったそうだ。しかし消防法だか何だかの基準に引っかかる、ということで泣く泣く諦めたのだという。

そんな破れた夢の名残りとして、アーチはかなり低めに設定されており、女性としては背が高いほうのアコさんだと少し頭を下げないと入れない。

ケーブの中の造りはシンプルだった。両脇の漆喰《しっくい》の壁に造り付けされたフェルト張りのベンチに挟まれて、こちらは一枚板ではないがやはり無垢材のテーブルが奥の壁に造り付けされているのみだ。

天井に照明はなく、奥の壁に小さな間接照明が備え付けられていた。

この内装に対する異常なまでのこだわりを、ほんの少しでも集客や接客にまわすことができたら、この店の経営状況もいくぶん上向くのではないだろうか。

僕らの会話が止まるたびにＢＧＭがその沈黙を埋める店内を見渡し、余計なお世話だとは思いつつも、僕はついそんなことを考えてしまった。

「桃太郎さんは新卒当初干されてた、って言ってましたよね」

「生意気だったからね。桃太郎はすぐにマネージャーになれると勝手に思ってたから、誰かの指示で動き回るフィールドの現場が嫌だったみたい。なんで俺が外回りばかりやんなきゃなんないんだって、態度に出てるだけじゃなくて口に出してそう言ってた」

「たしかにそういう人はちょっとイタいですね」

「そんな態度だからお客さんとのトラブルも結構あって、そのうちクライアントの担当は全部外されちゃったんだよね。その後は一応、業界分析をしてレポートを書く係ということになったんだけど、上司から具体的な指示はなくて、実際には放置されてる感じだったよ。いまなら一種のパワハラってことになるのかもね」

「でも僕からすると、新卒何年目とかで、与えられた仕事にそこまで不満を持てるのが逆にすごいと思います」

「桃太郎はもともと理系だし数字に強かったんだよね。エクセルの操作とか数値の分析なら誰にも負けなかった。そんな強みをもっと評価してほしいって思ってたんじゃないかな」

「それってやっぱりすごいと思いますけどね。それこそ、ソーシャルメディアで見かける『マーケター』たちがよく言ってる気がします。突き抜けた強みを持て、って。『差別化』ってやつですよね」

アコさんは急にナポリタンを食べる手を止め、黙って僕を見た。

「よし、じゃあ今日のテーマはそれにしよう。『差別化』」

アコさんはトートバッグからMacBook Airを取り出し、2人で見ることができるように横に向けてテーブルに置いた。ここでよく作業をしているのか、MacBookはお店のWi-Fiを自動的に拾っている。

ブラウザを立ち上げてグーグルドライブにアクセスすると、「Momo」というフォルダーが目に入ってしまったので僕はそれとなく目を逸らした。

「ハカセの講義とノートは全部ここにまとめた」

そう言われてふたたびディスプレイに視線を戻すと、「差別化」「品質」などとタイトルがつけられたフォルダーが画面いっぱいに並んでいる。

それらをまとめる上位階層のフォルダー名は「一郎くん」になっていた。

アコさんはどうやら人を主語にしてデータを整理しているようだ。

「差別化」フォルダーを開くと、そこには音声ファイルと画像ファイルがそれぞれ1つずつ入っていた。画像ファイルは、アコさんが当時手書きでとっていたメモを写真で写したもののようだった。

アコさんは画像ファイルを開くと、それをディスプレイいっぱいに広げた。

ノートの見開き半ページを横に使って、話のポイントが整然とメモされている。残りの半ページにはホワイトボードから描き写した図もあるようだ。

そして、トートバッグの中からワイヤレス・イヤフォンのケースを取り出した。

「一郎くんイヤフォン持ってる?」

「同じAirPodsがあります」

「2つのAirPodsを同じMacにつなぐことってできるのかな?」

「たぶんできますね。ちょっと設定いじってもいいですか?」

僕は少しアコさんのほうに身を乗り出して、Macの設定を調整しながら自分のイヤフォンをペアリングした。

「できました」

「よし、ではハカセ、『差別化』お願いします」

アコさんはそう言いながら音声ファイルをクリックし、講義の録音を再生した。

さて、今日は「差別化」の話をしましょう。

あまりよく知られていないのですが、実はこの「差別化」には双子の兄がいます。「同質化」です。

この2人は兄弟なので同じ家に住んでいるわけですが、はじめにその家の話をしなくてはなりません。FOR（エフ・オー・アール）という家です。

## 「思い出してもらえない」のは「存在しない」のと同じ

普段私たちは、無意識に商品やサービスをいくつかのグループに分けて頭の中で整理しています。

たとえば、ポカリスエットとアクエリアスは「スポーツ飲料」というグループでくくられておニ人の頭の中に入っているでしょう。

このグループのことを「フレーム・オブ・リファレンス（FOR）」と呼びます。

たとえば、桃太郎さんがスポーツ飲料を開発したとしましょう。

その商品を買ってもらおうと思ったら、何よりまずそれを、顧客の頭の中で「スポーツ飲料」という「フレーム」に入れてもらう必要があるのです。

でないと、運動後に喉が渇いたり、熱が出たりしてスポーツ飲料が飲みたい、となったときに、自分たちの商品を「無意識に思い出してもらう」ことができません。

無意識に思い出してもらえなければ、コンビニやスーパーの売り場で「スキャン」の網にかかりません。スキャンとは、そうして無意識に思い出した商品いくつかを何となくざざっと探す、ということです。

ここでの商品探しは、じっくり探す「サーチ」ではないことがポイントです。熱を出してコンビニにスポーツ飲料を買いに行くとき、まず棚にある商品をくまなくチェックして、そこからスポーツ飲料を全部洗い出し、1つずつチェックしながらベストなものを選ぶ、などということはまずしないですよね。

ジョギングを終えてミネラルウォーターを買いに来た人でも、運転中の眠気覚ましに缶コーヒーを買いに来た人でもそれは同じでしょう。

そう考えると、そのフレームで「無意識に思い出してもらえない」商品は、実際にはそこに存在していないのとほぼ同じであるということがわかります。

いくら「スポーツ飲料」を名乗っていようと、いくらスーパーやコンビニの棚に並んでいようと、「スキャン」の網に引っかからない以上は、買いに来た人の目にはとまらないわけですから。

アコさん、外国のスーパーで買い物をしたことはありますか？　そのとき、棚の前でボーッとしてしまいませんでしたか？

あれは、このスキャンの網にほとんど何も商品が引っかからないという、普段はあまりしない経験に脳が混乱してしまう現象なのです。

何となく思い出した商品をスキャンするというこの行動は、知っている商品なんてあるはずのない海外でもついやってしまうほど、私たちの頭に深く染みついているものだとも言えます。

## 同質化で同じ土俵に上がらないと、違いを「差別化要素」にできない

そして、この大事な「フレーム・オブ・リファレンス」に入るためのエントリー資格のような要素が「同質化要素」です。英語では「ポイント・オブ・パリティー（ＰＯＰ）」といいます。

スポーツ飲料でいえば、「アイソトニック」と言われる体液に近い性質を持っていることや、甘すぎない糖分と淡い果汁感がもたらす飲みやすさ、なんかがこの「同質化要素」になってくるでしょう。

それらをしっかりと備え、そして備えていることをちゃんと顧客に知ってもらうことで、桃太郎さんのドリンクは初めて「スポーツ飲料」という顧客のフレームに入ることができるわけです。

そうした同質化要素を備えている前提で、あくまで「そのフレームの中で」他の商品と桃太郎さんのドリンクを区別してもらうための要素が「差別化要素」です。英語で言うと「ポイント・オブ・ディファレンス（POD）」になります。

たとえば、カロリーを控えめにしたりゼロにしたりする、などというのは、このフレームの中での差別化要素になるかもしれません。

ボトルを工夫して口でキャップを開け閉めできるようにする、などというのもアリでしょう。

一方これまでの話の裏を返すと、いくらポカリスエットやアクエリアスにはない特徴を持っていたとしても、「スポーツ飲料フレーム」という同じ土俵に立てていないのであれば、そもそも欲しいタイミングで見つけてもらえないので、はなから比べてもらうことができません。そうなると、「違い」は武器にも何にもならないのです。

たとえば、点滴などに使われる「生理食塩水」は、体液を再現したものなので生まれも育ちも「アイソトニック」です。

ポカリスエットの大塚製薬はもともとこの生理食塩水をつくっていたわけですが、だったらこれを桃太郎さんのドリンクとして売り出してみたらどうでしょうか。

生理食塩水とは要は薄い塩水なので、「ゼロカロリー」です。

しかし、シンプルにまったく美味しくありません。

医者の中には手術中に飲む人もいるということで、私も飲んでみたことがあるのですが、お世辞にも飲みやすいとは言えません。


甘すぎない糖分と淡い果汁感がもたらす飲みやすさ、というエントリー条件を満たしていない生理食塩水は、「スポーツ飲料フレーム」の土俵に上がることができません。

そうなると、いくら「ゼロカロリー」という「違い」を持っていたとしても、顧客がスポーツ飲料を欲しがるタイミングで見つけて候補にしてもらえないので、その違いを活かすチャンスがまったくない、ということになってしまうわけです。


同じ土俵に立てないのは、重要な同質化要素をそもそも持っていない、というケースだけではありません。持っていたとしても、顧客がそれを知らないのであれば結局は同じことです。

これまでの議論を図にまとめると、こんなイメージです。

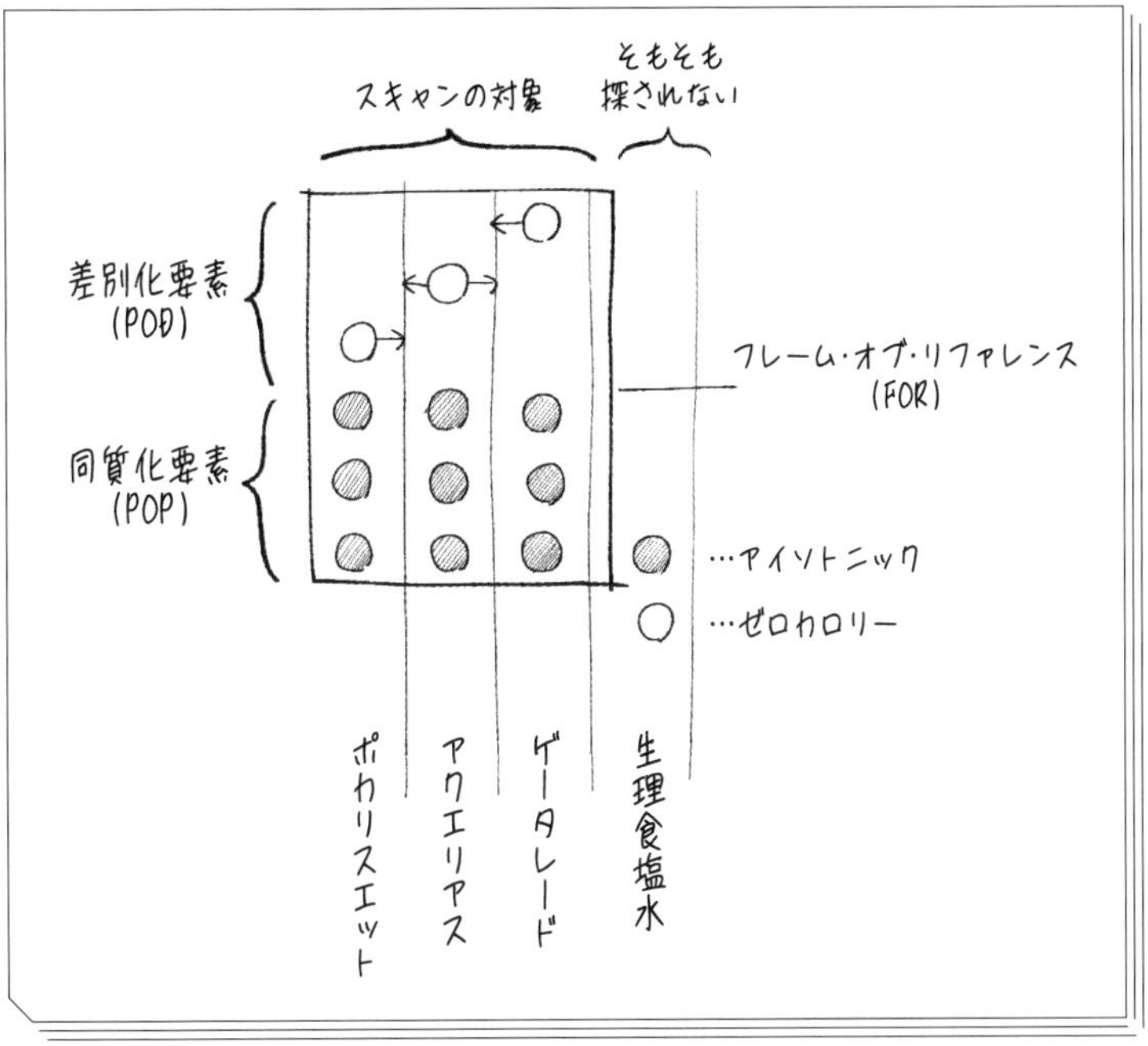
スキャンの対象
そもそも
探されない
差別化要素
(POD)
同質化要素
(POP)
フレーム・オブ・リファレンス
(FOR)
…アイソトニック
…ゼロカロリー
ポカリスエット
アクエリアス
ゲータレード
生理食塩水

## 同質化→差別化の順番は、車などの高額商品でも同じ

このように、まず同質化要素を考え、そのうえで差別化要素をそこに乗せていくという考え方は、スーパーやコンビニなどで買う「消費財」だけに役に立つというわけではありません。

たとえば車も同じです。

レクサスは日本の工場で生産されるれっきとした日本車ですが、「クラウン」や「シーマ」などの国産高級車と同じフレームで思い浮かべる人はあまりいないでしょう。

実際には、ベンツやＢＭＷ、アウディなどに代表される「輸入高級車」のフレームで思い浮かべる人が多いはずです。

先日アウディのショールームに車を見に行くと、その４つのブランドが選択肢として横並びにされたアンケートを渡されました。

私は博通で長いこと自動車業界のアンケート調査をやっていたのですが、横並びにする選択肢を考えるときは、まさにこのような顧客のフレーム・オブ・リファレンスをまず確認していました。

似たような大きさの車を比較したとき、レクサスは同じトヨタがつくる高級車のクラウンより数百万円高めの価格設定になっています。

レクサスブランドを日本に上陸させる前、トヨタはアメリカでレクサスとして展開していた車を、日本ではトヨタのセルシオとして販売していました。

このセルシオが廃止されてレクサスになった途端、標準グレードの車が一気に数百万円値上げとなりました。

なぜこのようなことができるのかというと、クラウンやセルシオとレクサスは、顧客の頭の中でそれぞれ別のフレームに収まっているからです。

「輸入高級車が欲しいな」と考える人は、ベンツやBMW、アウディなどを候補として思い浮かべます。それらのブランド以外は、ホームページやディーラーを訪れたりして比べる対象にはならないということです。

ひとたびレクサスをそのフレームに入れ込むことができれば、トヨタはリーダーであるベンツの価格を目安にすることができるようになります。

ほかの国産高級車との価格差は、そうなるとそれほど大きな問題ではなくなるということです。

一方で、レクサスが誇る「静粛性」や高級旅館さながらの「おもてなし」も、そこで初めてベンツやBMB、アウディなどとの「差別化要素」として武器になってくるというわけです。

## 同質化はときに「非効率」。でも「非合理」ではない

では、アコさん、自分が当時のレクサスの責任者だったと想像してみてください。

レクサスをベンツやBMW、アウディと同じ「輸入高級車」のフレームに入れ込むために、アコさんはまず何をしなくてはならないでしょうか？

そうです。同質化要素を考える、ですね。

もう少し詳しく言うと、必要な同質化要素を見つけ出し、それらをしっかりと磨き込んで、その存在を顧客に伝えていく、ということになります。

レクサスの場合の同質化要素は、たとえばショールームです。レクサスのショールームは、椅子やテーブル、照明などの調度品が輸入高級車ディーラーの基準でつくられています。

これは当然高くつきます。1つのショールームを建てるのに、輸入高級車は国産車の倍以上の

コストをかけるのが普通です。

車を整備する施設や、在庫車を保管しておく駐車場は本当なら一緒でいいはずですが、別の場所に建てるとなるとその分は同じものを意味なくダブらせることにもなります。

そう考えると、レクサスだけショールームを独立させるのはとても「非効率」ですよね。でも決して「非合理」ではないのです。

「プレミアムなディーラー体験」は、「輸入高級車フレーム」へのエントリー資格として、レクサスにとってどうしても欠かせない「同質化要素」だからです。

さて、最後に1つ宿題を出しておきましょう。

今日見てきた「差別化要素」「同質化要素」という2つの考え方を使って、いくつかウチの会社で扱っている商品を分析してみてください。

こういう分析も実演の1つなので、できるようになればお二人もマーケターの仲間入りです。

「最後の宿題は2人でやったんですか?」

僕がそう聞くと、アコさんは食べ残したナポリタンのマッシュルームをフォークでつつきながら、なぜか微笑んでいる。

「その宿題は、私たち無視しました」

アコさんは突然敬語になってそう言った。

「その代わり、2人で桃太郎自身の『同質化』と『差別化』っていうのを考えてみたの」

僕は無言でうなずく。

「みんなが何となく、この人が次のマネージャーだろうな、って考えてる人っているよね。重要なプロジェクトとか本部長案件を次々に担当してたりする人たち。そういう人たちは、優秀な人を選ぼう、ってなったときに、幹部の頭にパッと思い浮かぶからそうなるんだと思う」

「幹部の頭の中に『次のマネージャーフレーム』があるってことですね」

「そこに入り込むためには、フレームの中にいる人たちとの同質化要素を考える必要があるよね」

「人の場合の『同質化要素』って、ちょっとイメージつかないかもしれません」

「たとえば『幅広いフィールド営業経験』みたいなこと。当時の『次のマネージャーフレーム』の中にいる人たちは、みんないろんなクライアントを担当した経験があったりしたんだ」

「小さなクライアントは入社してすぐに担当することになるから、結局は重要なクライアントを担当した経験が大事ってことなんですかね」


アコさんはフォークをもてあそぶ手を止めて、姿勢を正し僕を見てうなずいた。


「よし、じゃあ一郎くん、ここからはクイズです。『次のマネージャーフレーム』になんとかして入り込みたい当時の桃太郎くんには、他にはどんな身につけなきゃいけない同質化要素があったでしょうか？」

「難しいですね……。今でいうと、そういう人って同期の武田くんと2つ下の今田さんなんですけど、2人とも共通しているのは『人格者』ってことですかね。あまり敵をつくらないタイプで、基本的には誰からも好かれてます」

「『人格者』っていうのは『評価』だよね。それを『要素』に分解していくとどうなるかな？」

「どういうことですか？」

「たとえばジブリの映画は、お年寄りからお子さんまでみんなに愛されてるよね。これは『評価』。それは『ファンタジー』と『教訓』をあわせ持ってるからだとしたら、これが『要素』」

「なるほど。そうなると、この場合は人格者と『評価』されるようになるために、どんな『要素』を身につける必要があるか、ってことを考えてくわけですね」

「たとえば決まってする行動とか、知識とか、スキルとか。どんな要素が組み合わさると、みんなはその人たちを人格者だと思うようになるんだろう」


普段は使わない頭を使う難しい質問だった。

しかし、アコさんの言っていることは何となく理解できた。


「そうですね、まずは『人脈』ですかね。今田さんなんて後輩なのに、社内では僕より顔が広いです」

「いいですね。『人脈』。他には？」

「あとは、なんというか、『面倒見のよさ』ですかね。いわゆる『人格者』っていうのは、上司や先輩から好かれてるだけじゃなくて、部下や後輩からも慕われてる人な気がします。それってそういう人たちの『面倒見』がいいからなんじゃないか、って考えました」

「一郎くん、すごいよ。私たちもまさにそこに目をつけて、『後輩をまとめる力』を3つ目の同質化要素だって考えた。整理するとこんな感じ」

アコさんはトートバッグから藍色のメモパッドとボールペンを取り出すと、少し独特だが丁寧で読みやすい字でこう書き綴った。

同質化要素（POP）
・幅広いフィールド営業経験
・社内の人脈
・後輩をまとめる力

「そしてこうやって整理してみると、桃太郎はライバルたちとの『同質化要素』をほとんど何も持ってない、ってことがはっきりしたんだ。それじゃあいくら数字とかエクセルに強くても、桃太郎が思うようには評価してもらえないよね」

「そもそもライバルたちと同じ土俵に上がれてないから、そんな強みも『差別化要素』として武器になりようがなかったわけですね……それはヘコみますね」

「桃太郎はむしろ元気になってたよ。やることがはっきりしたからだと思う。それに『同質化』

で同じ土俵に上がることさえできれば、桃太郎の強みが差別化要素として活きてくるなら、結局はそれが自動的に『差別化』にもつながってくるわけだしね」

そう言うと、アコさんはノートにこう書き足した。

差別化要素（POD）
・数字に強いこと、エクセルのスキルと分析力

「でも、たとえば最初の『幅広いフィールド営業経験』を積もうにも、当時桃太郎さんは干されちゃってたわけですよね」

「そうなんだよね。だからといって、いまさら上司に頭を下げるのはプライドが許さなかった。だからまず、重要なクライアントを担当してた先輩に相談して、営業先に同行させてもらうことにしたの。そして交換条件じゃないけど、先輩のバディーだった1年目の後輩の面倒を見て、分析資料をつくる手伝いなんかをしてあげることにした」

「なるほど。そうすれば『幅広いフィールド営業経験』と『後輩をまとめる力』を、一緒に強化することができるわけですね」

「そんな姿を見て改心したと思ったのか、そのうち上司も少しずつクライアント担当を桃太郎に

戻すようになってきたの」

「上司からしたらラッキーですね。ただ放置してただけなのに、それで腐って辞めちゃわないどころか、自分で勝手に改心してくれたわけですから」

「桃太郎って人がいくら言っても聞かないけど、自分で腹落ちしたらとことんやるタイプなんだよね。上司はそんな桃太郎の性格を見抜いてて、半分くらいは計算して放置してたのかもね。勝手に先輩の営業先について行ったりしても、特にとがめたりはしなかったわけだし」

「でも、『同質化要素』にせよ『差別化要素』にせよ、ただ持っているだけじゃダメで、それを幹部に知ってもらわないといけないわけですよね。上司に頭を下げるのは嫌だ、なんていってコミュニケーションをとらないでいたら、なかなかそれが達成できない気がします」

「それには秘策がありました」


アコさんは表情を崩し、ふたたび敬語になってそう言った。


「営業全体会議。いまもやってるでしょ？」

「いまは営業企画本部と全フィールド営業本部の部長以上が集まって、月イチで数字の読み合わせをする会議になってます」

「ずっと書き溜めてた業界レポートを、そこで何回かに分けて発表させてくれないか？って桃太郎から上司にお願いしたの。上司もダメだ、とは言いにくいよね。自分でレポートを書かせた以上は」

「それは桃太郎さんの『分析力』の、いいアピールになるかもですね」

「それにそこで表に出ることができれば、『あいつは何をやってるんだ？　どこのクライアントを担当してるんだ？』って気になる幹部も出てくるでしょ。そうすれば社内の人脈も広がるしね」

それまで完全に空回りしていた桃太郎さんの歯車が、まだガタガタいいながらも、少しずつデルファイにはまっていくのを感じた。

僕はそれを聞いてワクワクすると同時に、どうしても拭いされないモヤモヤを感じ始めてもいた。

「でも、この話って、僕が聞いてもあんまり意味がないと思うんですよね」

「どうして？」

「僕には当時の桃太郎さんみたいに、突き抜けた何かがないんですよ。それが差別化要素になる、ならない以前に、そもそも周りの人から飛び出たところが何もないんです」

「それ、私もまったく同じこと考えてた」

「でもアコさんはＧＬＰメンバーだったじゃないですか」

「私はわりと何でも器用にこなせたんだけど、桃太郎みたいな『必殺技』がなかったんだよね」

「僕はそのうえさらに不器用なんですよ……」

「器用である必要なんてまったくないと思うよ。何か1つでも『人とは違ういいところ』があればいいんだよ」

僕の「人とは違ういいところ」。そんなものはあるのだろうか。

どこにでもいそうなところと、弱そうに見えるところにはちょっと自信があるが。

「それは別に些細なことでも、自分にはとるに足らないと思えることでもいいんだよ。『笑顔が素敵』でも、『人を構えさせない』でもいいの。いままでそれが強みにならなかったのは、それ自体に価値がなかったからじゃなくて、それを差別化要素として活かす同質化要素を身につけてなかっただけなのかもしれないよ」

アコさんはそう言うと、僕をまっすぐに見て静かにうなずいた。

僕の何が肯定されたのかはよくわからなかったが、僕は久しぶりに誰かに強く肯定してもらえた気がした。一郎の一は一番の一だと、昔おばあちゃんに褒めてもらったとき以来くらい久しぶりに。

# 差別化

- 「思い出してもらえない」のは「存在しない」のと同じ
- 同質化で同じ土俵に上がらないと、違いを「差別化要素」にできない
- 同質化→差別化の順番は、車などの高額商品でも同じ
- 同質化はときに「非効率」。でも「非合理」ではない

《同質化と差別化》

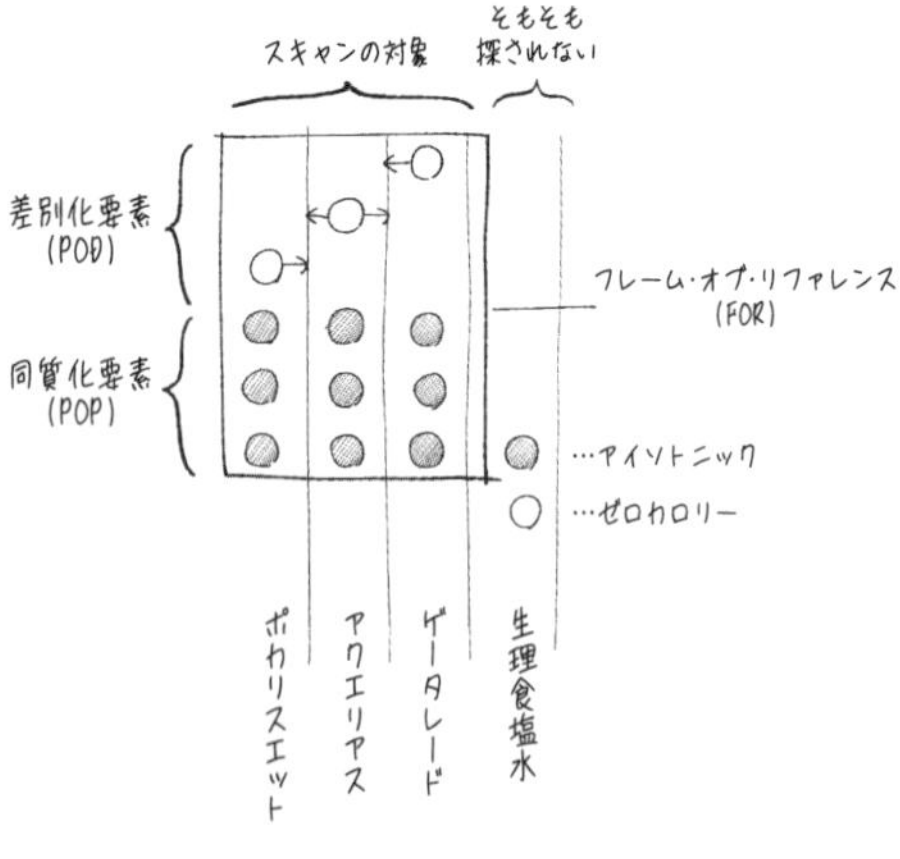

第二講

# 「品質」

今日はぜひ聞きたい、と思う。

アコさんが、当時桃太郎さんと付き合っていたのかどうか、ということを。

「いま」付き合っているかどうか、は別に知らなくてもいいのだ。

それは2人のプライベートに関することだし、ましてや社長の交際関係をアシスタントからこっそり聞き出す、なんて不届き者もいいところではないか。

上層部の間では、そのあたりのスキャンダルを使って社内の敵を追い詰める、なんてこともよくあると聞く。ある本部長は、都内の高級ホテルで取引先の女性と宿泊していたところを誰かに写真で押さえられ、それを会社の代表FAXに送られて失脚したと言われている。

そもそもアコさんだって会社の同僚だ。同僚の交際関係についてあれこれ聞くのはセクハラになる、と研修で教わった。

そして何より、万が一聞き出せてしまったとして、そんな全社を揺るがす秘密など僕1人ではとても背負いきれない。

知りたいのは当時の話だ。

アコさんは、いったいなぜあれほど熱心に桃太郎さんを応援していたのか。ただの同期のよしみ、にしては、あまりにも肩入れしすぎに思えるのだ。

そのあたりの設定がクリアにならないと、いろいろなことが気になってハカセの講義にいまひとつに身が入らない。

ジムから「とまり木」に歩いて向かう道すがら、そんなことをぼんやり考えていると、まさかのアコさんから助け舟がでた。


「一郎くんって彼女いるの？　彼氏、かもしれないけど」

「いないですよ、彼女も彼氏も」

「ずっといないの？」

「マッチングアプリの課金歴3年です」

「最近の出会いはほとんどがマッチングアプリなんでしょ。コロナで合コンもできなかったしね」

「結婚式なんかでも、『ベアーズで出会って』とか普通に司会が言いますよ」

「私たちのころは合コンだったけど、結婚式では『2人は青山の食事会で出会って』なんて言われてたんだよ」

「アコさんも合コンなんてしてたんですか？　ちょっと想像つかないです」

「普通にしてたよ」

2人がちょうど東横線の高架をくぐるタイミングで、渋谷方面行きの電車が頭上を通り過ぎていった。

電車の音が消えるとあたりは急に静かになった。

静寂が電車の音を、いや、あたりのすべての音を飲み込んでしまったかのようだった。

「あの、アコさんって当時、ハカセと付き合ってたりしました？」

「ハカセ？　ハカセは既婚でお嬢さんが2人いたよ」

「いや、アメリカでハカセの声が聞きたくなった、みたいなことをこの前言ってたんで」

「アメリカのころは恋愛どころじゃなかったよ」

「彼氏はいなかったんですか？」

「いなかったよ。だから仲間よ。私も当時29歳」

つまりは桃太郎さんとも付き合っていなかった、ということか。

とまり木には相変わらず客が1人もいなかった。

佐々木さんは何やら熱心にスマホをイジっていたが、僕らに気づくと人懐っこいクマのように無言で愛想を振りまき、ケーブのほうを手で指し示した。


「アメリカといえば、桃太郎さんは本社で働いたことはないんでしたっけ？」

「働いたことはないね。会議とか研修とかでは何回も行ってると思うけど」

「英語は苦手だったって言ってましたけど、どうやって克服したんですか？」

「結局克服してないんじゃない？　いまでもやっぱり英語には苦手意識あると思うよ」

「え？　英語ができなくてデルファイの社長になれるんですか？」

「一対一で自分の意見を言ったりとか議論したりとかは多分ちゃんとできるよ。プレゼンも準備すればいける。でも、会議でバンバン英語が飛び交うなか、そこに飛び込んでいって意見を言うとか、そこからネイティブのスピードで議論をすることはいまもあんまりできないと思う」

「外国からのゲストとの会食とかも多いと思うんですけど、それはどうしてるんですか？」

「そういうのは大体私がついていってるよ」

「しかし、失礼ですけど、それで社長が勤まるんですか？　というか、そもそもそれでどうやって社長になったんですか？　歴代の社長は全員アメリカ人でしたし、幹部も帰国子女とかMBAとかで、ほとんどみんな英語ペラペラですよね？」

アコさんは、そんな僕の問いかけに答える代わりに、唇を噛んで宙を見ながら考え込んだ。

そして突然、視線を僕のほうに戻し無言でうなずいた。

続いてバーカウンターで暇をもてあましていた佐々木さんに声をかけ、道中2人で頼むと決めていたナポリタンとアイスコーヒーを2つずつ注文した。

「今日は『品質』の講義を聞こう。それがきっといまの質問への答えになるよ」

今日は「品質」の話をしようかと思います。

最近はＩＴ分野での出遅れが目立ちますが、ものづくりの世界では、まだまだ日本には国際的な競争力があります。

特に「品質」ではいまだに世界をリードしています。日本製といえば高品質で壊れない、というイメージは、世界中どこにいっても変わりません。

そしてこれには、「工学」のなかの「品質管理」というジャンルの学問が、日本で盛んに研究されてきたという背景があります。

私たちが普段仕事でよく使う「ＰＤＣＡ」という言葉も、もともとはこの「品質管理」の専門家であるデミング博士という人が考えました。

しかし桃太郎さん、この言葉、実は日本以外ではほとんど知られていないので、本社のアメリカ人には通じません。

アメリカ人のデミング先生は、むしろ日本でより尊敬されているのです。ノーベル賞ならぬデミング賞などという賞も、日本科学技術連盟によって運営されていたりします。

日本人はそれだけ「品質管理」の話が好きだ、ということです。そんなわけで研究もだいぶ盛んで、世界的にはＰＤＣＡよりも有名な「Ｋａｎｏモデル」を生み出した、狩野紀昭先生のような人も輩出しています。

この人は学問の世界のイチローみたいな人ですね。

そして、今日はその「Ｋａｎｏモデル」について解説しようと思います。

先ほども言ったとおり、もともとこれは工学の世界で生まれた考え方なのですが、「顧客視点」の考え方にも通じるところがあるため、マーケティングの世界にも取り入れられて幅広く応用されています。

商品やサービスの品質を決める特徴を、これから紹介する5種類に分けて考えてみましょう、と説くモデルです。

はじめに、その「5つの品質要素」をホワイトボードに描いておきましょう。

この顔マークは顧客の満足度を示しています。笑顔だと顧客の満足度が上がる、がっかり顔だと下がる、ということですね。

いまは何を言っているかよくわからなくても大丈夫です。これから具体例と一緒に1つずつ解説していきますので。

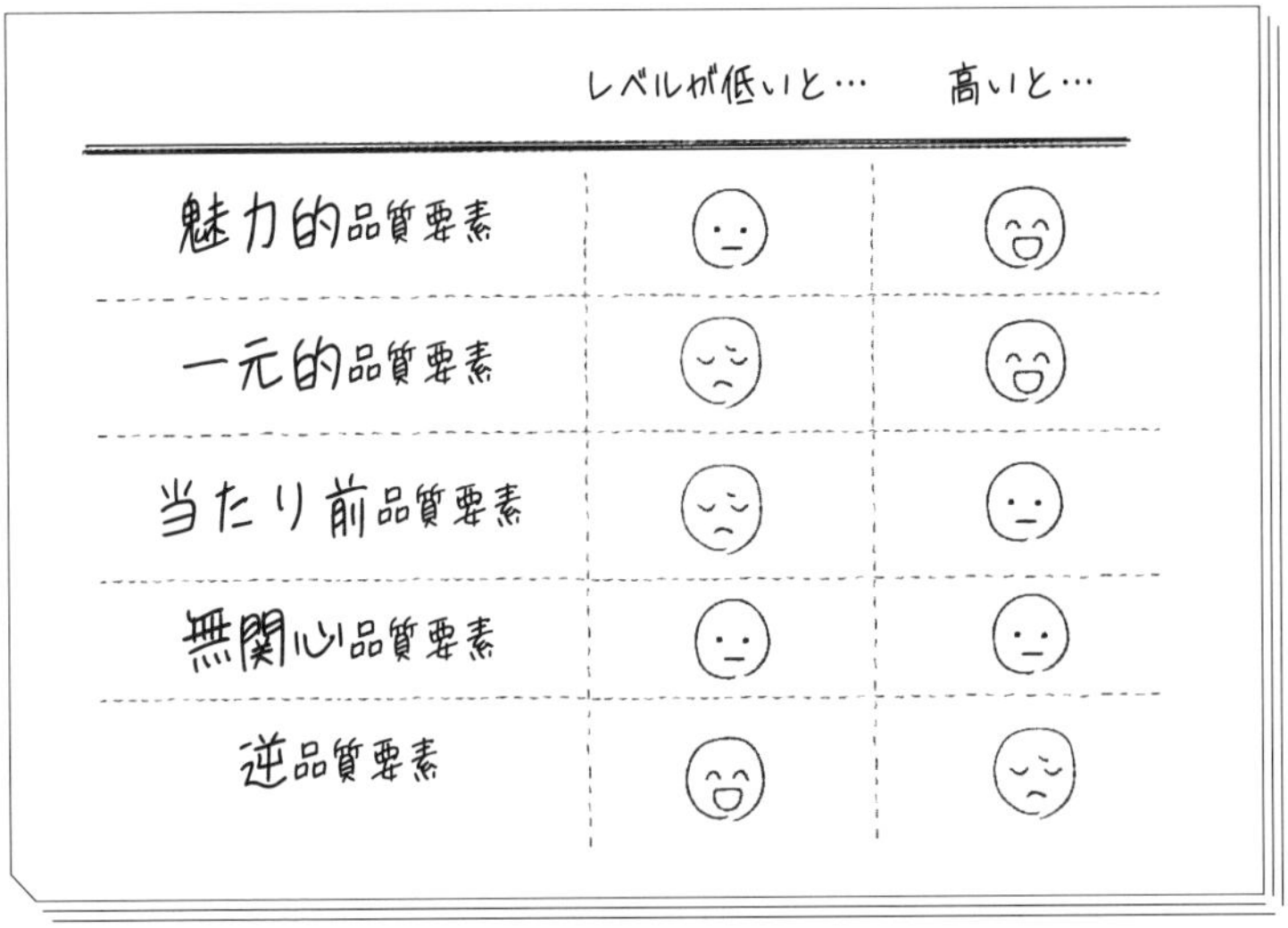
レベルが低いと…
高いと…
魅力的品質要素
一元的品質要素
当たり前品質要素
無関心品質要素
逆品質要素

## レベルが高ければ満足度が上がり、低ければ下がる「一元的品質要素」

まずは「一元的品質要素」です。ホワイトボードでは2番目に描きましたが、説明はここから始めさせてください。というのも、これがいちばん直感的に理解しやすい項目だからです。

これは、レベルが高ければ満足度が上がり、低ければ満足度が下がる、という商品やサービスの特徴です。

たとえば自動車で言うと、燃費のよさや運転のしやすさがこの「一元的品質要素」にあたります。

人にとって感じやすさの差はあると思いますが、買った車の燃費がよければ満足度は上がり、悪ければ下がるという心の針の動きは誰でも一緒です。運転しやすければ満足度は上がり、しづらければ下がるというのも同じでしょう。

感覚的には、すべての要素がこのように高いレベルであれば良い、低いレベルであれば悪い、となっていそうな気もしますが、このあと見ていくように実はそうではありません。

そのことを明らかにしたのがこの「Ｋａｎｏモデル」のいちばんの手柄と言えるでしょう。

## レベルが高ければ満足度が上がるが、低くても下がらない「魅力的品質要素」

次は「魅力的品質要素」を見ていきましょう。

レベルが高ければ満足度が上がるものの、低くても満足度が下がったりはしない特徴です。

これをいちばん上に描いたのは、マーケティング的にはこれが最も重要だからです。

たとえばシトロエンあたりの独創的な自動車メーカーが、フロントガラスを頭の上までグッと広げて、ドライバーに爽快感あふれる視界を提供したとします。

こうした特徴はあれば嬉しくて、人によっては大きな加点ポイントとなりますが、ないからといって不満を感じる人は少ないでしょう。「普通はない」「なくて当たり前」なので、装備されていなくても仕方がない、と思えるわけです。

この「普通は」というのが大事なポイントです。見方を変えますと、何がこの「魅力的品質要素」で何が先ほどの「一元的品質要素」になるのかは、絶対的なものではなく相対的なものである、ということでもあります。

たとえば、車のウィンドウの「UVカットガラス」は、最近ではコンパクトカーなどにも標準装備されることが増えてきました。

初めて車に採用されたUVカットガラスは、当時はなくて当たり前の「魅力的品質要素」だったはずです。それが、いまでは必須アイテムに近い「一元的品質要素」になりつつあるのです。

Ｋａｎｏモデルのそれぞれの品質要素には、長い目でみればこのようなライフサイクル（寿命）がある、ということを、ここではまず頭に入れておいてください。

## レベルが高くても満足度は上がらないが、低いと下がる「当たり前品質要素」

次の「当たり前品質要素」とは、レベルが高くても満足度が上がったりはしないものの、レベルが低いと満足度が下がってしまう特徴です。

車でいうと、「故障しない」とか「真っ直ぐ走る」などといった基本性能がこれにあたります。

もっとも、「故障しない」にせよ「真っ直ぐ走る」にせよ、車で実際に実現するのは、実はすごく大変なのです。

たとえば高速道路での「直進性」には、骨組み部分の安定性だけではなくて、空気抵抗を受け流すボディーの「エアロダイナミクス」や、ハンドルの操作性なども関係してきます。自動車メーカーは「真っ直ぐ走る」車をつくるために、毎日ものすごく努力しているわけです。でも、いくら努力しているからといって、「真っ直ぐ走る車。新型○○」などとそれをＣＭで訴求しているメーカーはないでしょう。そんなのは顧客にとって「当たり前」だからです。

長い目で見れば移り変わりがある、というＫａｎｏモデルの品質要素の特徴は、この「当たり前品質要素」にも当然当てはまります。

たとえば、日本ではいまやドリンクホルダーがついていない車などないですよね。なので、ついていてありがたいと感じることもなければ、ついてるかどうかを事前にチェックするという発想もないでしょう。

ところが旅行や出張で外国に行って、現地でレンタカーを借りると、たまにドリンクホルダーがついてない型落ちの外車に出くわします。こういう車を運転しているとすごくストレスで、私としては、他の何が優れていても満足度は地に落ちてしまいます。

ドリンクホルダーは、国産車だとカローラあたりが80年代に搭載したのが元祖だったと思います。当初は気の利いた「魅力的品質要素」だったはずですよね。あれば満足度が上がりますが、なくても満足度が下がるわけではない特徴です。

その後、普及が進んで、それはいつしか「一元的品質要素」になりました。あれば満足度が上がり、なければ満足度が下がってしまう特徴です。

そして最終的には必需品となり、あっても満足度は上がらないものの、なければ満足度が下がってしまう「当たり前品質要素」へと姿を変えていったわけです。

品質要素のライフサイクルとは、まさにこのようなことです。

## レベルが高くても低くても満足度に影響を与えない「無関心品質要素」

次にいきましょう。

「無関心品質要素」とは、レベルが高かろうが低かろうが、いずれにせよ顧客の満足度に大きな影響を与えることはない残念な特徴です。

路上で車が故障したときに使う付属品の三角板に、強いこだわりを持つ人はほとんどいないでしょう。

ベンツは高級車だからと、三角板もドイツの職人技が光るこだわりの逸品にしたとしても、それで購入者の満足度が上がることはまずありません。そもそも、ほとんどの人は三角板の存在に気づきすらしないからです。

裏を返せば、高級車に搭載される三角板を安物にしたとしても、不満に感じられることはほぼないと言えます。

要は、大多数の人が、三角板の品質には「無関心」なのです。

## レベルが高いと満足度が下がる不思議な「逆品質要素」

最後の「逆品質要素」とは、レベルが高いとむしろ満足度が下がり、低いと満足度が上がるという不思議な性質を持つ特徴です。

たとえば自動車の「排気量」は、基本的には大きいほうがよいとされ価格もそれにつれて高くなりますが、一定のレベルを超えるとそれでは燃費が悪い、環境に悪いなどと、むしろマイナスにとらえる人が増えてきます。

カーナビが走行地点の交通ルールをくまなくチェックして、それに違反する操作をできなくするなどという運転制御機能は、レベルが高くなればなるほど満足度が落ちる可能性もあるでしょう。

さて、これで「Ｋａｎｏモデル」の５つの品質要素をすべてカバーできました。

このような視点で商品やサービスの要素を分析することで、企業は必要のない機能を無駄に時間をかけて開発してしまったり、顧客からするとピントがズレたポイントを広告で訴求してしまったり、といった間違えを防ぐことができるのです。

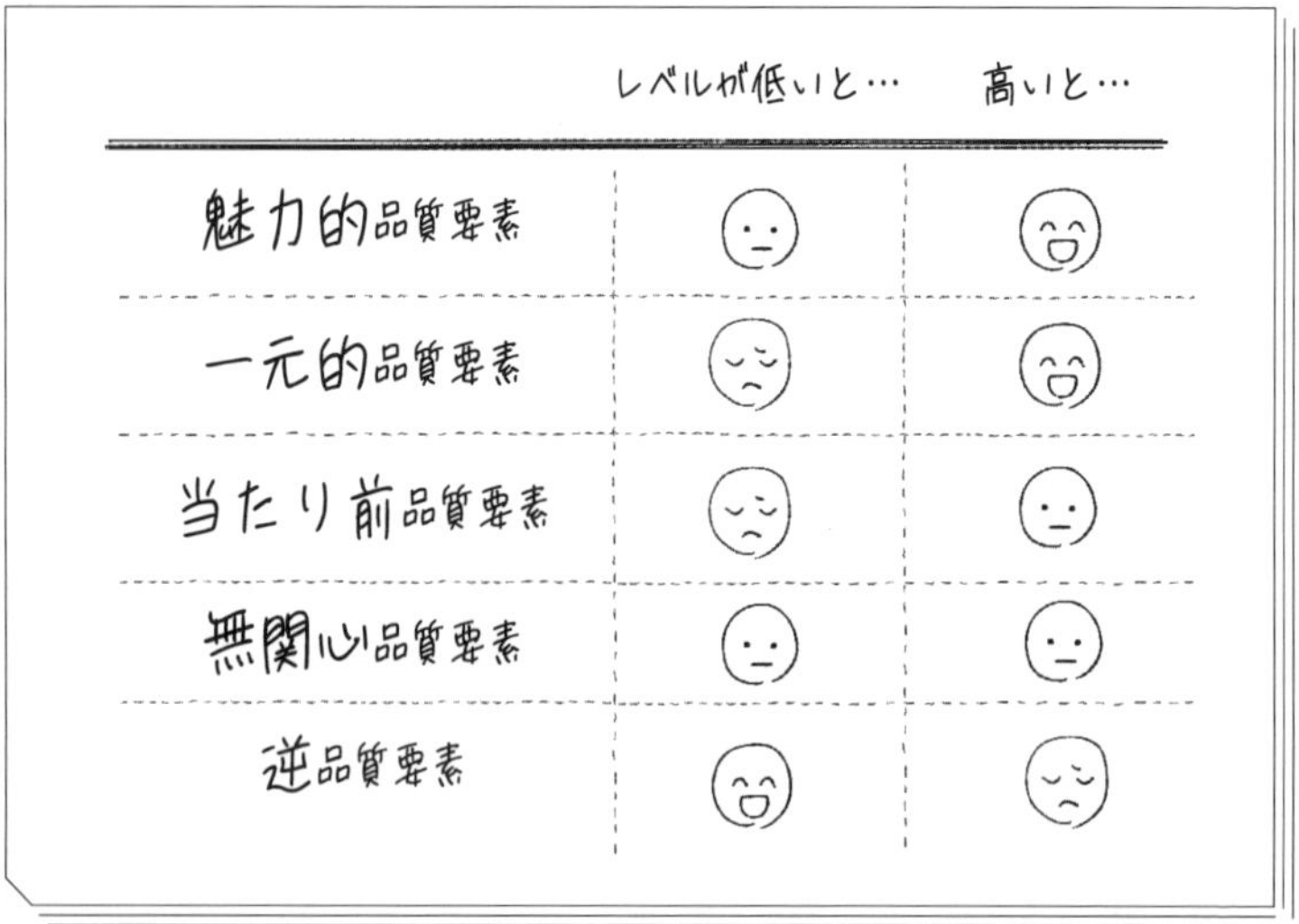

| | レベルが低いと… | 高いと… |
|---|---|---|
| 魅力的品質要素 | 😐 | 😄 |
| 一元的品質要素 | 😔 | 😄 |
| 当たり前品質要素 | 😔 | 😐 |
| 無関心品質要素 | 😐 | 😐 |
| 逆品質要素 | 😄 | 😔 |

## 品質要素をめぐる間違いは、時代の変化を見誤ることで起こる

もっとも、どこの企業も、わざわざ進んで「無関心品質要素」や「逆品質要素」、「当たり前品質要素」を開発してしまうほど間抜けではありません。

それでもこうした要素を持つ商品やサービスが登場してしまうのは、企業がときとして時代の変化を見誤るからです。

はじめは魅力的品質要素として開発した特徴が、いつしか一元的品質要素になり、しまいには当たり前品質要素になってしまう。そうして顧客が求めるものが移り変わっているのを、企業はついつい見過ごしてしまうのです。

たとえば、かつてスーパーマーケットの代名詞だったダイエーは、「価格破壊」という言葉を生み出した「安売りのリーダー」でもありました。

スーパーが安売りを実現するには、日々新しい仕入れ先を見つけてきたりお客さんの入りを正

確に予想できるようにしたりと、大変な企業努力が必要です。値崩れを嫌がるメーカーからの苦情とも戦い続けなくてはなりません。

企業でも個人でも、そうして血のにじむような努力をして身につけ、長年磨いてきた特徴は、いつまでも変わらず価値があるものだと思いたくなるのが人情です。

そこに脇目も振らず時間と努力を注ぎ続けてしまうのは、ある意味、自然で人間らしいことなのです。

しかし、競合がこぞってそれらを真似し始め、腕を磨いて近いレベルにまで追いついてきたら、悲しいかなそんな特徴はいつしか顧客にとって「当たり前」になってしまいます。

そうなると、他の特徴にもいい意味で脇目を振って、時間と努力を注ぎ始めなくてはなりません。新しい「一元的品質要素」や、さらには「魅力的品質要素」を開発するべく、ヒト・モノ・カネの調整を行う必要がでてくるのです。

当時のスーパーで言えばクオリティーの高いオリジナル惣菜、ポイントシステム、映画館なども取り入れた複合レジャー施設化、デジタル技術を使った新しい買い物体験の提供などが、そうした新しい特徴にあたったことでしょう。

これらに努力を振り向けず、「当たり前」になってしまったかつての強みに力を注ぎ続けることで、ダイエーは勢いを失ってしまいました。

## 品質要素を「備えること」と「それを訴求すること」は分けて考える

これとは別の「失敗あるある」は、あえて言っても仕方がない「無関心品質要素」や「当たり前品質要素」を、広告などで無駄に訴求してしまうことです。

よく行く地元の中華屋さんがあるのですが、そのお店、いつも床がヌルヌルしているのですよね。ホールスタッフがキッチンまで料理を取りに行くつくりなので、キッチンの床に飛び跳ねた油がホールに運ばれてしまい、どうにも避けがたくそうなってしまうのです。

味は抜群で値段も安く、サービスもなかなかなので、トータルでは満足してよく使っています。

たとえばこの中華屋さんが、床のヌルヌルを取り除くために、内装から床材、オペレーションまでをすべて根っこから見直したとします。

苦節1年、そうした全従業員の努力が実り、晴れてようやく床がヌルヌルしなくなったとしましょう。

よし、これをみんなに知ってもらおう！ということで、「床がヌルヌルしないレストラン」などというメッセージをチラシで展開したらどうでしょうか。

顧客からするとそんなの「当たり前」だろ、となりますよね。

「当たり前品質要素」は、あってもプラスにはなりませんが、ない状態はマイナス評価につながるので放置するのは得策ではありません。だから、ここに手を入れること自体は必ずしも間違った判断であるとはかぎりません。

ただ、それをわざわざ宣伝する必要があるかというと、それはまた別の話なのです。


いまの例は極端な話に聞こえるかもしれませんが、広告ビジネスの現場ではこれと似たようなことがわりとよく起こります。

コールセンターがつながりづらい、など、後発企業が「づらい」「にくい」を頑張って解消したときに、そのネガティブなイメージを拭い去りたい、と広告を打ったりするのです。

しかし、そういう広告にはだいたいあまり効果がありません。顧客にとって、たとえばコールセンターに電話がつながることは「当たり前」だからです。

## 「Kanoモデル」は「売り手の理屈」から「買い手の理屈」への転換装置

「床がヌルヌルしない」にせよ「コールセンターに電話がつながる」にせよ、その裏側には大きな投資や従業員の涙ぐましい努力があるわけですから、それを宣伝したくなる気持ちもよくわかります。

ただ、言ってしまえば、それは「売り手の理屈」なのです。

顧客の興味を惹きつけるための宣伝は、「買い手の理屈」で考える必要があるのです。

「Kanoモデル」は、商品を開発するとき、またそれを宣伝して多くの人に知ってもらうときに、「売り手の理屈」を「買い手の理屈」に無理矢理切り替えてくれる、という意味でとても便利な道具です。

最初にも言ったとおり、これは工学の世界で生まれた考え方なのですが、その意味でとてもマーケティング的なのです。

マーケティングというのは、煎じ詰めれば、「常に買い手の理屈で考える」という思考法だと言えます。

商品の企画をするとき。それを実際につくるとき。つくった商品を宣伝して相手に伝えるとき。常に自分ではなく相手の視点で、企業ではなく顧客の視点で考える。マーケティングの根っこにあるのはそんな考え方です。

まあこのあたりの話は抽象的でわかりにくいので、もう少し具体例を勉強してからのちのち深入りしていくこととしましょう。

「常に自分ではなく相手の視点で考える、か。それは営業の基本でもありますよね」

「営業は直接お客さんと話ができるから、そういう『お客さん視点』に気づきやすいよね。お客さん視点に立った提案じゃないと明らかに興味なさそうだったり、最悪怒られたりもするからね」

「そうか、商品とか広告をつくるときは、そんな感じでお客さんから直接ダメ出しをもらう機会がないんですね。お客さんの前に出すまでのプロセスが長いし、出しても面と向かって感想を聞けるわけじゃないし」

「お客さんの前に出すまでのプロセスが長くて、出しても面と向かって感想が聞けるわけじゃないっていうのは、私たちのスキルとか知識も一緒だよね」

「どういうことですか？」

「たとえば一郎くんが英語を頑張って、ペラペラになったとするじゃない」

「そうなりたいものです、はい」

「でも会社がそれを評価してくれるのは、年に1回の査定のタイミングぐらいだし、仮に給料とか役職が上がったとしても、頑張った英語がそこにどれくらい反映されてるのかはわからないよね」

「たしかに。それはきっと評価するほうもよくわからないですね」

「でも、一郎くんとしては、すごい努力をして何年もかけて身につけた英語力なんだから、会社にはそれをはっきりと評価してほしい、って思わない？」

「そうですね、思う、と思います」

「その頑張ったんだから評価してほしい、っていうのが、まさに『売り手の理屈』だったりするんだよね」

アコさんはぼくのほうに身を乗り出して、少し小声でそう言った。

この場合、「買い手」にあたるのは僕を評価する上司や会社だろう。

車の買い手が、真っ直ぐ走る車をつくるための売り手の努力を評価しないように、スキルや能力の買い手である会社は、英語を身につけるための僕の努力を必ずしも評価してくれるわけではない、と。なるほどそういうことか。

「英語に関していえば、うちの会社の幹部候補には、帰国子女やインターナショナルスクール出身の人がたくさんいるでしょ。ましてや本社では、英語だったら会長のお孫さんだってしゃべれるわけじゃない」

「うちの会社で幹部を目指すなら、英語力はあって『当たり前』なわけですね」

「これから海外進出したい日本企業とかなら、英語力は『買い手の理屈』でも高く評価されるかもしれないけどね」

「相手の理屈で考える以上、スキルとか知識の価値は、相手が誰かによって変わってくるわけか」

「英語力みたいに、一般的には評価されたり尊敬されたりする能力でも、相手によっては『当たり前』だったり、場合によっては『無関心』だったりするってことだね」

「ウチの会社を辞めてコンサルに行った仲のいい先輩がいるんですが、その人は経営学の博士号を持ってたんですよね。最新のビジネスモデルの分析かなんかでけっこう有名な論文を書いてて、それが会社に評価されない、ってよく文句言ってました」

「平田くんだよね。ハカセのマーケ理論もそうだけど、最新のビジネスモデルの知識は、うちの幹部からしたら残念ながら『無関心品質要素』だったのかもね。それに大学院レベルで知識があったり論理的なことはプラスとも考えられるけど、理屈っぽい、ってことで『逆品質要素』ととらえる上司もいるかもしれない」

「アコさん、平田さん知ってたんですね。飲み会かなんかで会ったんですか？」

「ううん、彼が新卒のとき面接したの」

「マネージャー面接とかですか？」

「ううん、人事面接」

「え、アコさんって人事だったこともあるんですか？」


うんうん、と無言でうなずくアコさん。


「でもこれでわかったでしょ。桃太郎がいまだに英語があまり得意じゃない理由」

「『当たり前品質要素』ですね」

「桃太郎も干されてたときは時間を持て余してたけど、仕事も忙しくなってくると、あれもこれもと勉強する時間はなくなってきたの」

「そうなると『当たり前品質要素』は切り捨てて、『一元的品質要素』か『魅力的品質要素』を磨くほうが賢い選択だ、と」

「英語に関しては『切り捨てた』わけじゃなくて、最低限を実務の中で身につければそれでいいって割り切った感じかな」

「そうか、『当たり前品質要素』は不足してたらマイナスですもんね。必要以上に注力しすぎるのもよくないけど、ないがしろにするのもそれはそれでよくない、ってことですね」

「そんなわけで、桃太郎は当時熱心に通ってた英会話スクールを解約して、代わりに社会人向けのビジネススクールでファイナンスを勉強し始めました」

「営業でファイナンスに明るい人って今でもほとんどいない気がします。数字に強い、っていう桃太郎さんの強みを活かしてそこを追究していけば、たしかにいい感じの『魅力的品質要素』に育てていけそうですね」

「数字に強いって言っても、『エクセルが得意な人』ぐらいならそれなりにたくさんいたからね。それに品質要素にはライフサイクルがあったでしょ。変化の速いＩＴのスキルは賞味期限も短いはずだから、エクセルが得意なだけではいつまでもは食べていけなかったわけですよ」

「アコさんって、当時の桃太郎さんのことを話すとき、いつも自分のことみたいに話しますよね」

自然にそう口をついて出てしまったが、これはけっこう際どい台詞だったかもしれない。
しかし、慌ててアコさんを見ると、むしろ楽しんでいるような顔をしている。
よし、ここは攻めどきかもしれない。

「当時のアコさんって、桃太郎さんのキャリアアップにすごく熱心ですよね。なんか献身的にサポートしている感じで。アコさんだって自分のこともきっといろいろあったわけじゃないですか」

「私はほら、『貧乏』だけど『器用』ではあったから」

「でも、いくら桃太郎さんが不器用だからって、普通はまったく何とも思ってない人のキャリアアップを、そんなふうに熱心にサポートしたりはしなくないですか？」

「それは私が当時、桃太郎のことを好きだったんじゃないか？ってこと？ それとも一郎くんのことを好きなんじゃないか？ってこと？」

「えぇ？」

あ、そうか。

このとまり木のマーケティング講義も、まさに不器用な僕のキャリアアップを、アコさんが熱心にサポートしてくれているという構図になるのか。

僕の怯えたような表情がそのままフリーズすると、アコさんはいつもの爆笑モードで笑い崩れた。

アコさんに投げかけた僕の疑問は、いまや倍以上の大きなモヤモヤになって、ケーブの少し低い天井一面を覆い尽くしていた。

# 品質

- レベルが高ければ満足度が上がり、低ければ下がる「一元的品質要素」
- レベルが高ければ満足度が上がるが、低くても下がらない「魅力的品質要素」
- レベルが高くても満足度は上がらないが、低いと下がる「当たり前品質要素」
- レベルが高くても低くても満足度に影響を与えない「無関心品質要素」
- レベルが高いと満足度が下がる不思議な「逆品質要素」
- 品質要素をめぐる間違いは、時代の変化を見誤ることで起こる
- 品質要素を「備えること」と「それを訴求すること」は分けて考える
- 「Kanoモデル」は「売り手の理屈」から「買い手の理屈」への転換装置

《Kanoモデル》

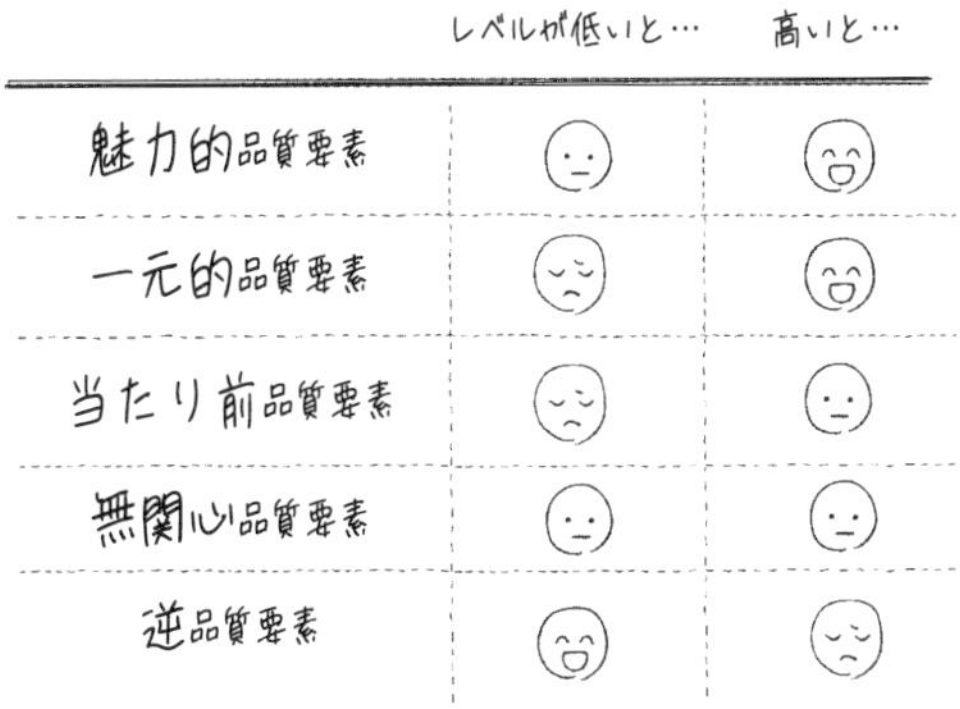

第三講

# 「目立つ①」

その日は帰る直前に取引先との急なリモート会議をセットされ、議事録などの事後対応も考えると間に合いそうにないので、キックボクシングの練習はキャンセルすることにした。

仕事を終えるとマーケ講義にはまだ少し早い時間だったが、オフィスのある中目黒は飲み会を楽しむ人たちで賑わい落ち着かないので、「とまり木」に移動してそこでアコさんを待つことにした。

マスターの佐々木さんはいつもいい意味でヘラヘラしていた。

見た目はクマのような大男で、坊主頭がそのまま伸びた風の短髪に口髭《ひげ》と顎髭《あごひげ》をたくわえたワイルドな風貌なのだが、おちょぼ口から前歯がそろって顔を見せるその笑い方はどこか小動物のようでもあった。

デルファイの後輩で、だいぶ年下である僕に対してもいつも敬語なのは、とまり木で客として会ったのが初対面だったからなのだろう。

僕と佐々木さんは、在籍期間は微妙にかぶっているのだが、仕事でからむことはなく当時はお互いの存在を知らなかったのだ。

「佐々木さんは人事で何をやってたんですか？」

「中途採用やってましたね、はい」

　この語尾につく「はい」というのが佐々木さんの口癖だ。

「アコさんも人事やってたんですよね？　かぶってたんですか？」

「バリバリかぶってましたね、はい。自分は中途でデルファイに入って、6年前に辞めるまでずっと人事だったんで」

　だとしたら、何でアコさんの人事時代とかぶっていることの証明になるのか。

　それはよくわからなかったが、気にせずそのまま会話を続けることにした。

「桃太郎さんとは面識あるんですか？」

「ありますね、はい。モモさんが部長のときとか本部長のときとか、採用の打ち合わせでたまにお話ししてました。この店にも一回来てもらったことありますよ」

「そうなんですね！　アコさんと一緒にですか？」

「アコさんとは別にですね。アコさんも一郎さんと来るようになる前は、そんなにしょっちゅう来てくれてたわけでもないんで、はい」

桃太郎さんとアコさんは常に行動を共にしているイメージがあったが、考えてみれば四六時中一緒にいるはずもない。

「ところでアコさんと桃太郎さんって、昔付き合ってたんですか？」

「付き合ってましたね、はい」

あまりにもあっさりとそう答えるので、僕は佐々木さんの顔を眺めたまましばらくフリーズしてしまった。

佐々木さんは「うす」といった感じでうなずき、こちらを見返してヘラヘラしている。

「あれ、でも、アメリカにいたときは彼氏いなかったって言ってた気がします」

「そのときはもう別れてたんじゃないですか？　僕が初めてアコさんに会ったときには、モモさんは『元カレ』って感じでしたね、はい」

急ピッチで更新される情報に頭がついていかない。

じっくり考える時間が欲しかった僕は、佐々木さんがカウンターに置いたiPhoneで暇つぶしに見ていたと思われるサッカー日本代表の強化試合を、そういえば気になっていた、という体で覗き込んでみた。

佐々木さんは消していた音声をオンにして、iPhoneを僕からも見やすい角度に置き直してくれた。そして店内のBGMのボリュームを少し落とした。

しばらくすると、ターコイズブルーのスプリングコートを着て、ミリタリー調の大きな黒いトートバッグを肩にかけたアコさんがお店に入ってきた。

「アコさんお疲れ様です」

「おつかれー。サッカー？　どことやってるんだっけ？」

「コロンビア。強化試合っすね、はい」

アコさんはバーカウンターの僕の左隣に腰をおろし、身を乗り出して小さなiPhoneの画面を覗き込んだ。

「おぉ、すごい。3対0。で勝ってるんだよね？」

「久保くんが2本決めましたね、はい」

「久保くん、世界で活躍してるだけあってメンタル強いですよね。僕も見習いたいです」

「そういえば一郎くんと大谷翔平って同い年？」

「同い年ですよ。大谷さんとは同い年、イチローとは同じ名前でこの体たらくです。そういえば僕、新卒のときの最終面接が、当時本部長の桃太郎さんだったんですよ。そこで『ビジネス界のイチローになりたい』なんて言ってたのをいま思い出しました」

「おぉ、それだよ、一郎くん」

「何がですか？」

「一郎くんが採用されていまここにいる理由。桃太郎の夢がまさにそれ。『ビジネス界のイチローになる』なんだよ」

「うわー、いまの僕のこの体たらくを桃太郎さんに知られたらクビにされますね。まあ絶対に覚えてないから大丈夫か」

「そんなことないよ」

「どっちがですか？　クビにされるほうですか？　覚えていないほうですか？」

「両方」

「えー、じゃあ覚えててクビにされるってことですか？」

これにはアコさんと佐々木さんが同時に吹き出した。

「僕のはただの面接対策でしたけど、桃太郎さんが言うと変に現実感があって、逆にすごいビッグマウスな感じがしますね。インド人のピチャイがグーグルのトップに登りつめたみたいに、世界のトップ企業の、本当のトップに日本人として初めて登りつめる、みたいなことですよね」

「デルファイに入ったばっかりのころから、初めてマネージャーになったときも、社長の椅子を争っているときも、桃太郎それはずっと言い続けてたよ」

「そうか、桃太郎さんはこの後いよいよマネージャーになるのか。それっていつごろなんですか？」

「30歳のころかな。私はそのとき本社でマネージャー2年目だったから」

先ほどの佐々木さんの話だと、2人はそれ以前に一度付き合っていて、そのときにはもう別れていた、ということか。

しかし、どん底から這《は》い上がりようやく日の当たる道を歩き始めていたとはいえ、「お荷物」だった桃太郎さんがどうやってマネージャー、部長、本部長と出世の階段を駆け上がっていったのかはまだ全然イメージできていない。

その間アコさんがどんなキャリアをたどったのかは、それよりもっと謎に包まれている。ましてや、いまの話のとおりアメリカ赴任当時のアコさんは、桃太郎さんよりずっと格上の本社のマネージャーだったわけだし。

「首都圏営業のマネージャーとかですか？　そのときの桃太郎さん」

「営業研修チーム」

「営業企画部ですね。いまそのポジションはエース級です。先週までの話の後、桃太郎さんにいったい何があったんですか？　最初はフィールドのマネージャーかなんかだと思ってましたけど、いきなりエース級の営業研修マネージャーを任されるなんて」

アコさんはその質問には直接答えないまま、カウンターの奥からメニューを取り出した。そしてフードのページを見つけると、僕と2人で見ることができるようにテーブルに広げた。

とまり木のフードメニューはパスタ、サンドイッチ、パイ、ケーキの4種類だ。パスタとサンドイッチは佐々木さんの手作り。パイとケーキは近くのパン屋さんから毎日届けてもらっている、ということだった。

「佐々木くん、今日パイ全部ある?」

「ありますよ、はい」

「一郎くん、PIEって知ってる? パフォーマンス・イメージ・エクスポージャー」

「聞いたことあります。出世するには1:3:6の割合で実力、印象、目立ち度が重要だ、ってやつですよね。いちばん重要だっていう『目立ち度』がハードル高すぎ、っていつも思ってます」

「よし、じゃあ今回と次回はその『目立ち度』をどう考えるか?を解説してくれてる講義を聞いてみよう。佐々木くん、ミートパイとパンプキンパイを2つずつちょうだい。いつものアイスコーヒーもね」


今日は「セイリエンス」の話をしようかと思います。

セイリエンスとは、簡単に言うと「目立っている度合い」ということになります。あるブランドが、他のライバルブランドと比べてどれだけ目立っているかの度合いです。

専門的に言うと、このセイリエンスは「物理的入手可能性」と「心理的入手可能性」をかけ合わせたものです。

「物理的入手可能性」とは、「どれだけ近くで手に入るかの度合い」です。

すぐ近くのコンビニで売っていて、それも目立つ位置に並んでいたりすれば、そのブランドの物理的入手可能性はとても高い、ということになります。

スーパーやコンビニなどお店自体の話をするのであれば、近くにあるか？ それも駅や幹線道路沿いなどの行きやすい場所にあるか？ということが「物理的入手可能性」を左右します。

「心理的入手可能性」とは、どれだけ多くの場面で、どれだけ強く思い出されるかという、言ってみれば「思い出され度」の度合いです。

どちらがより重要か、と言われれば、私はこちらの「心理的入手可能性」だと答えます。

ですので、まずはこちらから詳しく解説していきたいと思います。

## 「心理的入手可能性」とは、関連するキーワードに貼られたリンクの数と太さ

たとえば、桃太郎さんが「マクドナルド」を思い出すのはどういう場面でしょうか？「ハンバーガー」を食べたいと思ったとき。それはそうでしょうね。

私にとっては、休日に「朝食」を外で食べようと思ったときにまず思い出すお店の1つでもあります。娘たちに今日は朝何が食べたい？と聞くと、ほぼ確実に「マックー」と返ってくるからです。

車を運転している途中でどこかに立ち寄って何かを食べたい、と思ったときも、私はまっさきにマクドナルドを思い出します。

「ハンバーガー」「朝食」「ドライブ」。マクドナルドは、特にこの3つの場面で私に強く思い出されるブランドのようです。

私の中で、この3つのキーワードととても強く結びついている、とも言えます。

ところで中目黒にはマクドナルドがないですよね。

だから「ランチ」でマクドナルドを思い出すことは少なくなりましたが、博通にいたころはけっこうよく思い出していました。毎日マクドナルドの前を通って通勤していたからかもしれません。

外出先でちょっと仕事をしたくて「カフェ」を探しているときも、マクドナルドはたまに私の頭に思い浮かびます。朝食やランチでマクドナルドに行ったときに、よく「マックカフェ」という言葉を目にするからだと思います。

「ランチ」と「カフェ」。いずれにせよ、私の中では、マクドナルドはこの2つの場面ともそれなりに強く結びついています。

これに対して、ライバルの「バーガーキング」はどうでしょうか。

私はハンバーガーが食べたいな、と思ったとき、たまにバーガーキングのワッパーを思い出します。

でも、その他にバーガーキングを思い出すシチュエーションはほとんどありません。

そのうえ、「ハンバーガーが食べたい」というシチュエーションでバーガーキングを思い出す度合いは、マクドナルドを思い出す度合いと比べると、だいぶ弱いと言わざるをえません。

ホワイトボードで整理するとこんな感じです。

上のマクドナルドは、まず「ハンバーガー」「朝食」「ドライブ」「ランチ」「カフェ」など、さまざまな場面で私に思い出されています。

私の頭のなかで、さまざまなキーワードとリンクが貼られている状態とも言えます。

また、そのなかのいくつか、「ハンバーガー」「朝食」「ドライブ」などとのリンクは、とても強く太いものです。

一方で、下のバーガーキングは、そもそも貼られているリンクの数が少なく、それぞれのリンクもマクドナルドと比べるとだいぶ細いものになってしまっています。

こうしたリンクの数と質の違いは、マクドナルドとバーガーキングの「心理的入手可能性」の差にそのまま置き換えることができます。

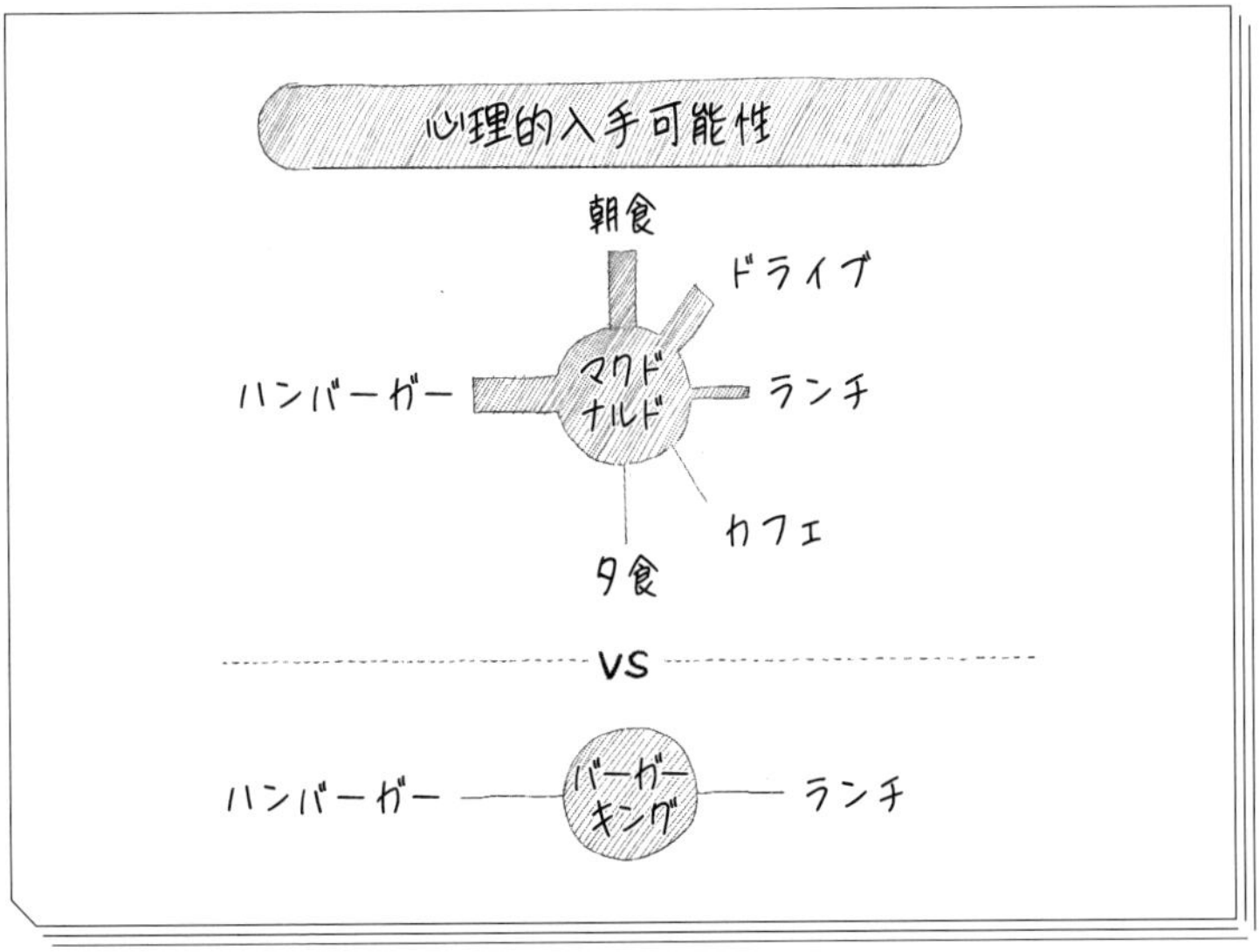

## 心理的入手可能性が物理的入手可能性を強化し、それがまた心理的入手可能性を強化する

この「心理的入手可能性」がなぜより重要なのかというと、それはもう1つの「物理的入手可能性」に大きく影響するからです。

アコさん、自分が小売店のバイヤーだったと想像してみてください。両方から提案があった場合、コカ・コーラとペプシコーラ、どちらの商品をよりたくさんお店に並べたいと思いますか？

何か特別な事情がないかぎりは、コカ・コーラを選ぶのが賢明な判断というものでしょう。お客さんが飲みたいとより折に触れて思い出すのは、コカ・コーラであることは明らかだからです。

また、自分自身がより折に触れて思い出し、より親しみを感じているブランドでもあるわけですから、それは自然な選択でもあります。

「物理的入手可能性」は、このように「心理的入手可能性」の大きさがもたらす1つの結果なのですが、同時にそれをさらに強化するものでもあります。

お店でよく商品を目にするから、あるいはお店がたくさんあるから、そのブランドをより一層よく思い出すようになる。そんなプラスのサイクルがそこには生まれるのです。

セイリエンスとは目立っている度合いで、それは物理的入手可能性と心理的入手可能性の「かけ合わせ」だ、という話をしました。「たし合わせ」ではなく「かけ合わせ」と言ったのは、このようにそれぞれが響き合い、お互いを強め合う性質があるからです。

そして、これらを考え合わせると、ブランドが「目立つ」にはどうしたらいいか？という問いの1つの答えが見えてきます。

まずはブランドの心理的入手可能性を高め、それをテコにして物理的入手可能性を高め、それが心理的入手可能性をさらに高めるという好循環を生み出すことです。

## 広告は新しいキーワードとのリンクを築く道具

そこで、アコさん、今度はバーガーキングの広告担当になってもらえますか。

そして、バーガーキングをマクドナルドのように「目立つ」ブランドにするべく、まずは出発点となる「心理的入手可能性」を強化するための広告プランを考えてみてください。

「バーガーキング」と、関連するキーワードとの間に貼られたリンクの数と太さを、広告を通じて強化すればいいわけです。


選択肢は大きく次の3つでしょう。

1　まだマクドナルドがリンクを貼っていないキーワードに先制攻撃でリンクを貼る。
2　マクドナルドはリンクを貼っているけど、バーガーキングがリンクを貼れていないキーワードにリンクを貼る。
3　貼ってはいるけどマクドナルドより弱いリンクを強化する。

費用対効果が高いのは、1＞2＞3の順番だと考えられます。

というのも、2や3の場合は、「シェア・オブ・ボイス」をめぐる広告の打ち合いになるからです。

シェア・オブ・ボイスというのは、競合と比べてどれだけ多く広告を出せているか、という広告の世界における「声の大きさ」を測る指標です。

このご時世どこの会社も広告費には余裕がありませんから、まずは1を考えるのがよさそうです。

たとえば「ホームパーティ」というシチュエーションに注目して、ホームパーティとバーガーキングをリンクづけするための広告を展開する、などというアイデアが考えられるかもしれません。

実際のところは、むしろ王者であるマクドナルドのほうが、このようなリンクの拡大を意識してやっているように見受けられます。

私が子どものころは、マクドナルドといえば、休日のお昼に家族で出かけるちょっと特別な場所でした。私の頭の中では、かつてマクドナルドは、「休日お昼の外食」というシチュエーションと太いリンクで結ばれていたわけです。

その後「平日のランチ」「朝食」「カフェ」「夕食」といった具合に、マクドナルドはそのリンクをどんどん拡げていきました。

そして、その都度それぞれのシチュエーションに合わせた商品が開発され、「朝マック」「マックカフェ」などといった合言葉が開発され、それらを広めるための広告が展開されてきたのです。

YouTubeではマクドナルドに限らず、古今東西のCMを見ることができます。一度印象に残っている昔のCMを検索してみて、「これはリンクの拡大を狙った広告なのか?」「だとしたらどんなリンクの拡大を狙っているのか?」というのを分析してみてください。

そうやってつくっている人の意図を分析できるようになれば、CMを見ている時間だってマーケティングの講義に早変わりです。

さて、今日はこんなところにしておきましょうか。

何だか久しぶりにマクドナルドが食べたくなってきましたね。

「僕も何だかマクドナルドが食べたくなってきました」

「パイだっておいしいよ。パンプキンパイ」


アコさんはすでに両方のパイを食べ終わっていた。

僕は手始めにミートパイだけを食べて、パンプキンパイには何となくノータッチのままだった。


「うわ、これ美味しいですね、パンプキンパイ。甘くて、スパイスがきいてて」

「アメリカの家庭では、パンプキンパイがよく食べられるパイのナンバーワンなんだって」

「え、マジですか。アップルパイじゃないんですね」

「だから、むこうのコストコとかにはパンプキンパイがよく売ってたよ。パンプキンパイが定番のサンクスギビングの季節とか、いまでもたまに食べたくなるんだけど、日本では『物理的入手可能性』がほぼゼロなんだよね」

「『心理的入手可能性』もゼロですよ。ふと『パンプキンパイ』を思い出すことなんて、これまでの僕の人生で一度もなかったかもしれません」

「でも、『パンプキンパイ』って知ってたでしょ？」

そう言われてみると不思議な感覚だった。

たしかに知っているのに、決して思い出すことはないもの。記憶の倉庫のどこかには入っているものの、あまりに奥深く埋もれてしまっているので、それが思い出されることは決してないカテゴリーやブランド。

僕の頭のなかには、そんな存在が探せばまだたくさんありそうだった。

でも、それってはたして「知っている」意味があるのだろうか？

少なくともそのカテゴリーやブランドを売る立場の人からしたら、それでは知られていない状態と何も変わらないのではないか。

そうか。だからハカセは知られているか？ではなく思い出されるか？をしきりに問題にしていたわけだ。

「これが『目立たない』の正体ってことですね。僕もデルファイに7年いるんで、幹部にもそれなりに『知られている』気はしますが、何かのフシに『思い出される』ことはほとんどないと思います。でも、重要なのはそっちのほうなんですね。パイと言えばアップルパイ、みたいにすぐに『思い出される』こと」

「パイのＰＩＥってやつですよ」

アコさんが冗談を言うとは珍しい。何かいいことでもあったのだろうか。

「そうか、そもそもの問題は『何のPIEか』なんですね。マクドナルドは『朝食』『ドライブ』『ハンバーガー』っていうシーンでハカセに思い出されてましたけど、僕はどんなシーンで幹部に思い出されなくちゃいけないのか」

「いいね、一郎くん。その調子で、まずは当時の桃太郎がどうやって自分の『目立つ』を設計していったのか、ちょっと考えてみようか」

いつもながらの難問に、僕はしばらくの間考え込んでしまった。

アコさんは僕を見つめている。

「前回までで、桃太郎さんは『同質化要素』の大切さに気づいて、やる気のなかったフィールド営業をちゃんとやるようになりましたよね。部会で人脈を広げたり、後輩の面倒を見たりなんかもするようになりました」

アコさんは黙ってうなずく。

「あわせて数字に強いっていう『差別化要素』を磨いていったわけですが、特に『魅力的品質要素』になりそうなファイナンスの勉強に力を入れてました。その点、エクセルスキルなんかは『一元的品質要素』に近いんですかね」

「すごい。そんな感じで『同質化要素』と『差別化要素』をまず洗い出してみて、それぞれを『Kanoモデル』の視点で深掘りするっていうのは応用技だね」

「英語は『同質化要素』の1つかもしれないけど、『当たり前品質要素』なんであまり注力しすぎない、とかもですかね」

アコさんは少し後ろにのけぞるように姿勢を正して、音を立てずに拍手した。

「ここまでは完璧。でも、そうやって徹底的に買い手の理屈で考えた同質化要素とか差別化要素も、桃太郎がそれをしっかり身につけてるってことは、昇進を決める幹部たちにはまだ見えていないんだよね」

「相手は知らなくて当然、と。知ってて当然、と考えたら、そこから一気に『売り手の理屈』に逆戻りしちゃうってことですね」

「そんなの買い手側は知らなくて当然、だからしっかりアピールしなくちゃ、っていうのは、実は買い手視点に立たないと出てこない発想だったりするから面白いよね」

そういえば、パナソニック創業者で「経営の神様」と言われた松下幸之助さんが、広告は商売人の義務であると言っていたと、どこかのインフルエンサーから聞いたことがある。

「そして、自分をアピールするうえで大事なのは、ただ『わたしにはこれができる』って大声で叫ぶことじゃなくて、相手に『思い出してもらう』状態をつくることだったよね。それも相手にとって重要なキーワードは何なのか？を考えて、そのキーワードと一緒に思い出してもらえる状態をつくること」

「まずはその相手が誰なのか？ってことですよね」

「マネージャーへの昇進は、直属のマネージャーが推薦した人を、部長たちが昇進会議でレベル合わせをして決めるでしょ。だからこの場合は、最終的な決定権を持っている部長たちの重要キーワードを考えてみようか」

「そういう人たちってだいたい、本社に売上と利益のフォーキャスト（予測）を毎月送ってますよね。数字関係なら『フォーキャスト』というのはあるかもしれないと思いました」

僕がそう言うと、アコさんは「おー」と声にならない声を出した。大正解、ということのようだ。

「桃太郎もまったく同じことを考えて、『商材ごとのフォーキャスト』っていうのを、まずは関東フィールド営業部単位で出してみるのはどうか？って、直属の上司に提案してみたの」

「『商材フォーキャスト』って昔はなかったんですか？　いまは売上も利益もクライアントごとのフォーキャストと一緒に出してすり合わせて、差があれば間をとったフォーキャストを本社に送ってると思います」

「当時はまだなかったから、まずは関東フィールド営業部単位でやってみたんだ。その後いろいろ調整しながら予測の精度を上げていって、うまく回るようになったら営業全体会議でシェアしてみた」

「たしかにそうなると、桃太郎さんが数字やファイナンスに強いってことが部長さんたちに自然と伝わりますね。そして、『フォーキャスト』っていう部長さんたちの重要キーワードと、桃太郎さんとの太いリンクも自然と育っていくわけですね」

アコさんはつくったクッキーをおいしい、と褒められた子どものような表情で僕を見た。

「しかしアコさん、当時の桃太郎さんのことは本当に自分ごとのように話しますね」

「私は自分が成長したり成功したりするより、桃太郎が成長したり成功したりするのを見るほうが楽しかったんだよ」

「それって、当時桃太郎さんと付き合ってたからですか？」

今日は僕の答えもだいぶ冴えていたので、何となく自信を持ってそう切り出すことができた。

「別にそういうわけじゃないよ。いまだって、別に付き合ってるわけではない一郎くんの成長を、こうしてそばで見守ってるわけじゃん」

僕が自信を持って繰り出したパンチは、アコさんにあっさりとかわされ、しかも間髪を容れずに強烈なカウンターが僕を見舞った。

ロープに支えられてなんとかリングに踏み止まる僕は、それがカウンターパンチなのかキックなのかもわからないほど茫然としていた。

# 目立つ①

- 「心理的入手可能性」とは、関連するキーワードに貼られたリンクの数と太さ
- 心理的入手可能性が物理的入手可能性を強化し、それがまた心理的入手可能性を強化する
- 広告は新しいキーワードとのリンクを築く道具

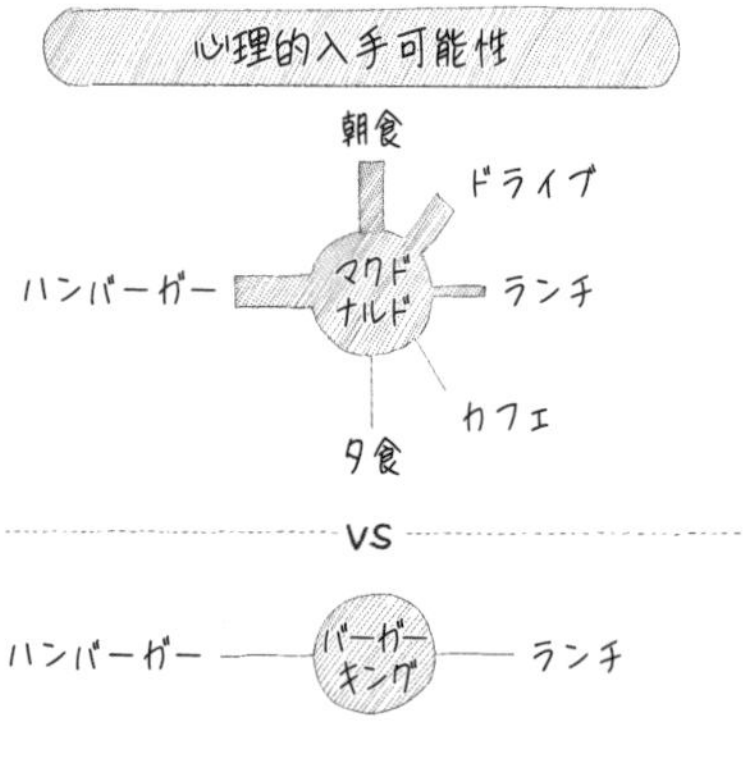

第四講

# 「目立つ②」

その日は昨晩深夜から続く大雨で、午前中のオフィスから見える目黒川は、台風の日でも見たことがないくらいの濁流になっていた。

山手通りの車通りも少なく、街からは人がいなくなったようだった。

そんななか、川沿いの広場「船入場」では、ビニール傘をさしたゼブラ柄のワンピース姿の女性が、手すりに近づいて濁流を覗き込んでいる。ふとした瞬間に急にいなくなってしまいそうで、しばらくはその女性から目が離せなかった。

外回りが一件もなかったせいか、いつになく社内でアコさんを見かけた。

普段は白をはじめ明るい色の服を着ることが多いアコさんだったが、その日はダークな色合いのワンピースを着ていた。

船入場で濁流を覗き込んでいた女性は、背丈も髪型も服装もアコさんとはぜんぜん違ったと思うが、もしかしたらあれはアコさんだったのでは？　ふとそう考えてしまうくらい、その日のアコさんは何となく暗く沈んで見えた。

午後になると雨も少し小降りになったが、なぜか僕の気分はむしろ午前中より沈んでいた。

夕方にアコさんからＬＩＮＥが来た。今日はキックボクシングの練習をパスするという。理由は特に書いていなかった。

マーケ講義もお休みなのかと思ったら、とまり木にはいつもの時間に来てくれる、ということだった。

「練習終わったらダッシュで向かいます！」という僕の返信には、おかっぱ頭の女の子が親指でＯＫサインをつくっているスタンプが送られてきた。

キックボクシングの練習が終わったころにも、雨はまだ降り続いていた。

僕は出し抜けに目黒川のことが気になった。

川は今にも溢れ出さんばかりに荒れ狂い、なぜかまだそこにいる船入場の女性の足は水浸しになってしまっている……そんな幻想を振り払うべく目をつぶって大きく頭を揺らすと、普段は車通りのない裏通りに、突然魔法のようにタクシーが現れた。

タクシーでとまり木に駆けつけると、バーカウンターには珍しく女性客がいて、佐々木さんはその女性と話をしていた。

佐々木さんは、僕に気づくと、愛想よく頭をペコペコと下げケーブを手で指し示す。

ケーブに入ると、アコさんは両手で額を押さえてMacBookを覗き込んでいた。

食事はすでに済ませているようで、パイを包んでいた銀紙が皿の上で綺麗なまんまるに丸められていた。

少し薄暗いケーブの中で、液晶の青白い光に照らされたアコさんの横顔は、思い詰めているようにも意を決したようにも見えた。


「あ、お疲れ様です」

「お、一郎くんお疲れ」

「大丈夫ですか？」

「何が？」

「なんかアコさん、今日体調悪そうですけど」

「いや、そんなことないよ。キックボクシング休んだのは、シンガポールと会議があったからってだけ」

「え、じゃあなんか元気なかったりします？　落ち込んでたりとか」

アコさんは僕の目をじっと見て、手元のMacBookを閉じた。

「一郎くんにそんなに心配されるなんて、自分がどんな酷い顔してたのか心配になってきたよ」

「いやいや、普通の顔でした。普通というか、はい。でも実際、アコさんも落ち込むことってあるんですか？　あんまり見たことがないですけど」

「いまは別に落ち込んでないけど、落ち込むことはそりゃあるよ」

「アコさんがこれまでいちばん落ち込んだのって何のときなんですか？」

そう尋ねると、アコさんはうーん、と唸って僕から目を逸らし、壁に備えつけられた間接照明をしばらくの間眺めていた。

この質問はちょっとまずかったかもしれない。

「アコさんと桃太郎さんが付き合ってたのって、いつからいつごろくらいなんでしたっけ？」

アコさんはいつになく真剣な眼差しで僕を見つめる。

慌てて話を逸らしたつもりだったが、逆にこれは話の核心をついてしまったのかもしれない。

明らかにうろたえた僕を見ると、アコさんは吹き出すように表情を崩した。

「私がアメリカに行くときに振られた」

冗談っぽい言い方だったが、振られた、という言葉は僕にはショッキングに響いた。

「わ、なんか、すみません。いろいろあったんですよね、きっと」

「付き合い始めたのが28歳だったから、結局1年くらいしか付き合ってないんだよね、私たち」

私たち、という言い方に、僕は2人にいままで感じたことのない距離を感じた。

「もともと親友みたいな関係から何となく彼氏・彼女になったんだけど、すぐに私のアメリカ行きが決まって、そのうえいきなり遠距離ってことになっちゃった」

「遠距離ってレベルですらないですよね。土日にも会いにいけないし」

「まとまった休みもなかなか取れないしね。3年間、ほとんど会えもしないのに縛っちゃうのは申し訳ないな、って私も思ってた。でも2人とも猛烈に忙しくて、これからどうするのか、じっくり話し合う時間も持ててなかったんだよね」

「アコさんはアメリカの準備もありますもんね。桃太郎さんは当時営業研修チームのマネージャーでしたっけ？」

「そのときはまだマネージャーにはなってなかったね。でもお互いいちばん仕事人間な時期だった。だから、そもそも交際らしい交際もろくにしてなかったんだよね。旅行に行ったりとか、ディズニーでゆっくりクリスマスを過ごしたりとか」

「で、桃太郎さんが切り出したってことですか？」

僕がそう聞くと、アコさんはいつもとは明らかに違う調子で笑った。

「『アコが戻ってきたらパワーアップした状態でもう一回告白させてほしい』っていう、桃太郎らしい独創的な振り方だったよ」

でもそれって、と僕は考えた。

桃太郎さんは、本当にアコさんを「振った」と思っていたのだろうか？

「あの桃太郎さんでも、当時は余裕がなかったんですかね。最初にマネージャーに上がるときがいちばん大変だったって、偉い人たちはみんな言いますもんね」

「たしかに、メンバーからマネージャーに上がるのがいちばん大変かもね。社員の9割はメンバーだから、競争相手はそこがいちばん多いしね。そんなわけで、やっぱり『目立つこと』が大事なんです」

アコさんはふたたびMacBookを開き、フォルダーを物色し始めた。

この話はもう終わりにしたいのだろう。

その隙に、僕はケーブを出て、佐々木さんに前から気になっていたたらこパスタとアイスコーヒーを注文した。

今日は「リーダーシップの法則」というやつを解説したいと思います。

マーケティングの世界で「リーダー」というと、そのカテゴリーを代表するブランドのことを言います。要はそのカテゴリーで1位のブランドです。

ハンバーガーチェーンで言えばマクドナルド、コーラで言えばコカ・コーラが、それぞれのカテゴリーの「リーダー」ということになります。

「法則」のほうですが、これはマーケティングの世界では、見たところ例外がないように思える現象、というくらいのイメージの言葉です。

「マーフィーの法則」は知っていますか？　「トーストを落とすと、必ずバターを塗った面が下になる」みたいなやつです。

ここでいう「法則」は、あのような感じの「現象」だと思ってください。

つまり、この「リーダーシップの法則」は、カテゴリーを代表するブランドに関して、見たところ例外なく起こる現象を説明している、ということになります。

## みんなに最初に覚えられたブランドがリーダーになる

ではそれはいったいどのような現象なのか？ というと、「そのカテゴリーでみんなに最初に覚えられたブランドがリーダーになる」という現象です。

これだけ聞くと当たり前のような感じもしますが、ポイントは「そのカテゴリーでいちばん『優れた』ブランドがリーダーになる」ではない、ということです。

そのカテゴリーのリーダーになるには、優れた商品やサービスをつくり上げることは大前提として、その上で大多数の人に、いちばん最初にそのカテゴリーとセットで覚えてもらう必要があるのです。

我々専門家はよく「パーセプションを取る」なんて言いますが、この「リーダーシップの法則」の考案者、アル・リースとジャック・トラウトに言わせると、マーケティングとはパーセプションを奪い合う戦争だ、ということになります。

「コーラといえばコカ・コーラ」というパーセプション、つまり顧客の「認識」は、ゴールドラッシュの金鉱のようなものです。最初に金鉱を見つけた人が金をほとんど掘り尽くしてしまうので、あとは2番目に着いても3番目に着いてももうそんなに大きな差はない、ということになってしまうのです。

パーセプションは、多くの場合最初に押さえたブランドがほぼ全取りしてしまう、ということです。

これが大多数の人の頭の中で起こると、勝負はもうそこで決まってしまうのです。

1970〜80年代に話題をさらった有名な「ペプシ・チャレンジ」は、結果としてこのリーダーシップの法則を煮詰めたような出来事となりました。

大規模な目隠しテストを行い、味だけで言えば消費者はペプシのほうが好きだ、という結果に自信を持ったペプシコ社が、そのテスト結果をそのままメッセージとした広告を大展開したのがことの始まりです。

広告自体は歴史的ともいえる大成功をおさめました。味だけの勝負になればペプシのほうが優れている。そんな事実は、瞬く間にアメリカ全土の人が知るところとなったのです。

にもかかわらず、ペプシコ社幹部が期待したシェアの逆転は待てど暮らせど起こりません。結局10年近く続いたそんな広告の猛攻撃もむなしく、ペプシは一度もコカ・コーラのリーダーの地位を揺るがすことができませんでした。

いちばん「優れた」ブランドとして知られるようになったとしても、それだけでリーダーの地位が約束されるわけではない。「ペプシ・チャレンジ」は、そんなリーダーシップの法則を裏づけた、史上最大の社会実験といってもよいものでした。

この法則は、コーラのような消費者向けの商材だけではなく、企業をお客さんとしたビジネスにもあてはまります。

たとえば私の古巣である「広告代理店業界」のリーダーは、ここ数十年の間一度も入れ替わっていません。

では、業界2位の電報堂のサービスが、1位の博通のサービスより劣っているかというと、博通OBとして博通よりに見てもそんなことはないと思います。

実際に、大手企業に両者で競って広告の提案をする「競合コンペ」の勝率は、私の関わった案件でいえば五分五分でした。

実力はいい勝負なのです。そんななか、なぜこれほどまでに2位は1位を逆転できないのでしょうか。

それは、一度塗り尽くされた「〇〇といえば〇〇」という顧客のパーセプションを、別のブランドが塗り替えることがほとんど不可能だからです。

「最初の」ブランドになれなかったブランドが、その後いくら商品やサービスを磨いて「最良」になったとしても、それだけでシェアを逆転することは難しいのです。

## 「最初に参入した」もリーダーシップを約束してくれない

ここもまた重要なポイントなのですが、この「最初の」というのは、最初に市場に参入した、という意味ではありません。

あくまで顧客が最初にそのカテゴリーとセットで覚えた、ということなのです。

業界2位の電報堂は博通より前に設立されましたが、多くの人が最初に広告代理店とセットで覚えたのは、テレビ広告を開拓した博通でした。

そのカテゴリーのリーダーになるには、もっとも優れた商品をつくるのでも、もっとも早く市場に参入するのでもなく、何にせよ「いちばん最初に顧客にそのカテゴリーとセットで覚えてもらう」必要があるのです。

これまでの議論を図でまとめるとこんなイメージです。

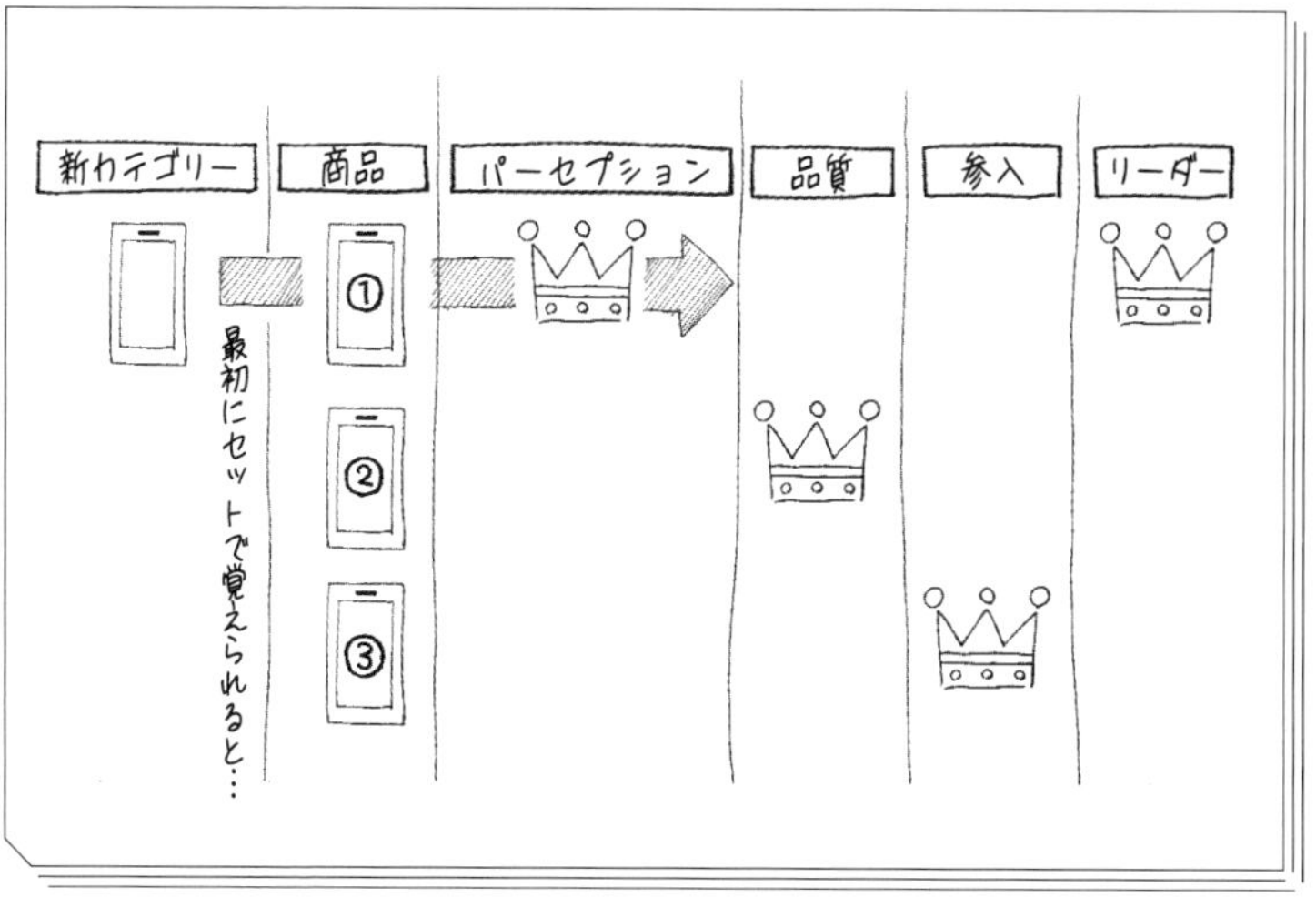

## リーダーになれなかったら「サブカテゴリーのリーダー」を目指す

でもそれでは、「最初に覚えてもらうこと」に失敗した2位や3位のブランドは、もうその時点でお手上げなのでしょうか？　2位や3位の地位を黙って受け入れて、1位になるのは諦めるほかないのでしょうか？

幸いそうではありません。

日本一高い山は富士山、ですが、日本一登山者が多い山はどこでしょうか？

そうです、アコさん、高尾山です。

「高い山」というカテゴリーでは遠く1位には及ばない高尾山でも、「登山者が多い山」というカテゴリーで1位を押さえることができれば、ここでも「リーダーシップの法則」が働いてその地位を盤石にすることができます。

日本で2番目に高い山をほとんどの人が知らないように、日本で2番目に登山者が多い山に興味を持つ人はほとんどいない……そんな状況がつくりだせるのです。

最初にパーセプションを押さえることに失敗したブランドや、参入したカテゴリーにはじめから圧倒的なリーダーがいたブランドはどうすればいいか。これでわかりましたよね。新しいカテゴリーやサブカテゴリーを立ち上げて、そのサブカテゴリーのリーダーを目指せばいいわけです。

先程の広告代理店でいえば、「デジタル広告代理店」というカテゴリーのリーダーになったサイバーエージェンシーがこれのいいお手本です。

こうして新しく立ち上げられたサブカテゴリー自体が、急成長して元のカテゴリーを追い抜いてしまう、なんてこともよくあります。長い目で見れば必ずそうなるとも言えます。リーダーシップの法則がありながらも、巨人が滅びて新興企業がやがて新しい巨人になり代わるサイクルが繰り返されるのは、つまりはこんなカラクリなわけです。

さてさて、お腹も空いてきましたので、今日はこんなところにしておきましょうか。

今日は私、お昼をまだ食べていないので、これからさっと牛丼でも食べにいくこととします。

「そういえば僕、牛丼はずっと吉野家一択だったんですけど、この前近くに松屋しかないから食べてみたら同じくらい美味しかったんですよね。無料でお味噌汁もついてくるし。リーダーの吉野家が最良とは限らない、っていうのはたしかに納得です」

「牛丼カテゴリーのリーダーは『すき家』だよ。2位が吉野家で3位が松屋」

「え、そうなんですね！　ずっと吉野家だと思ってました」

「すき家を運営してるゼンショーは、他にもいろいろファーストフードチェーンをやってて店舗開発が上手だから、まず店舗数が圧倒的に多いんだと思うよ。『物理的入手可能性』で差がついてるんだね」

「それ先週やったやつですね。でもそうか。『そのカテゴリーでみんなに最初に覚えられたブランド』は、先週の話で考えると、『心理的入手可能性』のボーナスステージに入る感じなんですかね」

「永遠に続くボーナスステージに入る感じだよね。『牛丼』を『吉野家』とセットで覚えた世代にとっては、牛丼が食べたくなるたびに、まずあのオレンジ色のロゴが思い浮かぶよね。そういう状況だと、いかに松屋が美味しい牛丼をつくっても、お味噌汁の無料サービスを始めても、その商品だったりサービスの力だけで吉野家に追いつくのは難しくなる」

「勝負は味やサービスだけで決まってるわけじゃない、と。先週のＰＩＥの話がさらに腑に落ちてきました」


アコさんはまんまるに丸めたパイの銀紙を見やり、「よしよし」とやるように軽く転がした。


「さらに言うとあれですね。いくら吉野家が元祖の味で、松屋が無料のお味噌汁つきでそれぞれ商品としては優れてたとしても、すき家が若い世代とか地方を相手に『パーセプション』を一気に押さえちゃえば、今度はそっちがリーダーになっちゃうという」

「そういう逆転劇は変化の速いインターネットの世界にたくさんあるよね。Facebookは後から出てきたソーシャルメディアで最初は機能も限られてたけど、そっちが一気にパーセプションを押さえちゃったんで、先にあったMySpaceは結局撤退することになっちゃったり」

「メルカリもそうなんですかね？　僕はもともとヤフオク派だったんです。ヤフオクって固定価格でも取引できるし、機能もぜんぜん充実してるんで最初メルカリには興味がありませんでした。でも、若い子中心にみんなメルカリを使いだして、そのうちアイテムもそっちのほうが多くなっていったんで、いまでは僕もメルカリしか使わなくなってます」

「それは最後にハカセが話してたパターンだね。『ネットオークション』のカテゴリーの中に『フリマアプリ』っていうサブカテゴリーを立ち上げて、そこのリーダーのポジションを一気にとっちゃう、っていう。そのうちそのサブカテゴリーが成長して元のカテゴリーを追い越すと、まさにいま一郎くんが言ったみたいなことが起こる」

「パーセプションは相手の頭の中にあるものなんで、こういうのもやっぱり『買い手の理屈』なんですかね。逆に機能とかノウハウとかの『実力』は自分の頭の中にあるものですよね。そこばっかり見て、相手のパーセプションの中に自分がいないことに気づいてないブランドは、結局は根っこのところで『売り手の理屈』なのかもしれないと思いました」

僕がそう言うと、アコさんは何度もうなずきながらパイの銀紙を左右に転がした。

「まさにそれが干されてたころの桃太郎だよね。なんで俺の実力が評価されないんだ！って売り手の理屈で考えてふてくされてた」

「そこは買い手の理屈で考えて、相手のパーセプションを押さえに行かないとダメだったわけですね」

「それも『リーダーシップの法則』を考えると一気に、だよね。メルカリがまだ駆け出しのベンチャーだったときにテレビＣＭを大量に打って、それで『フリマアプリ』のパーセプションを一気に取りに行ったみたいに」

「実際に桃太郎さんはどうしたんですか？　桃太郎さんのテレビCM、なんて打つわけにはいかないですよね」

「さあ、どうしたでしょう」


アコさんは僕をじっと見ながら黙っている。


デルファイには、「タウンホール」と呼ばれる社長主催の全社集会がある。普段仕事で絡むことがない僕が、桃太郎さんの話を聞くことができるほとんど唯一のチャンスだ。

僕はタウンホールで意気揚々と話す桃太郎さんを思い浮かべ、いかにしてうまく目立つか？に悪戦苦闘する若き日の姿を想像してみた。


「この前タウンホールで桃太郎さんが何か質問はないか？って会場に投げかけたとき、今田さんが手をあげてましたよね。『では今田さん』って指名するとき、桃太郎さんはなんかすごく嬉しそうでした」

「今田さんはずいぶん『有名人』だね。こうして先輩の一郎くんがよく話題にするんだから」

「有名人……そうか！　タウンホールは、いってみればデルファイ・ジャパンの『マスメディア』なわけですね」

「桃太郎が嬉しそうだったのは、自分がそうやって手をあげる側だったからだろうね」

「なるほど。要はタウンホールで積極的に質問することで、そこに集まる幹部のパーセプションを一気に押さえにいったわけですね。でも、桃太郎さん英語苦手でしたよね。それ本当にやったんですか？　当時の社長ってレイさんですよね？」

「毎回事前に日本語で質問を考えて、私が英語にして、それを丸暗記してから質問してたよ」

「それでもだいぶハードル高いですけどね……」

「はじめは緊張してたけど、そのうちまわりも『この人は発言する人』って思うようになるから、悪い意味での注目度はなくなってくるんだよね。そうするとすぐに慣れてきて、私の英作文にも変な注文つけるようになってきたよ」

「じゃあ自分で考えろよ、って感じですよね」


そう言われて苦笑いするアコさんは、やっぱりとても桃太郎さんの他人とは思えない。

そう言いかけて口を塞ぐことができたのは、いつもとは少し違う、アコさんのどこか暗い佇まいのおかげだったのかもしれない。

いずれにせよ口を滑らせずにすんでよかった。

当時の桃太郎さんとの関係は、もしかしたらまだ癒えていない、アコさんの心の傷なのかもしれないのだから。

# 目立つ②

- みんなに最初に覚えられたブランドがリーダーになる
- 「最初に参入した」もリーダーシップを約束してくれない
- リーダーになれなかったら
  「サブカテゴリーのリーダー」を目指す

《「リーダーシップの法則」》

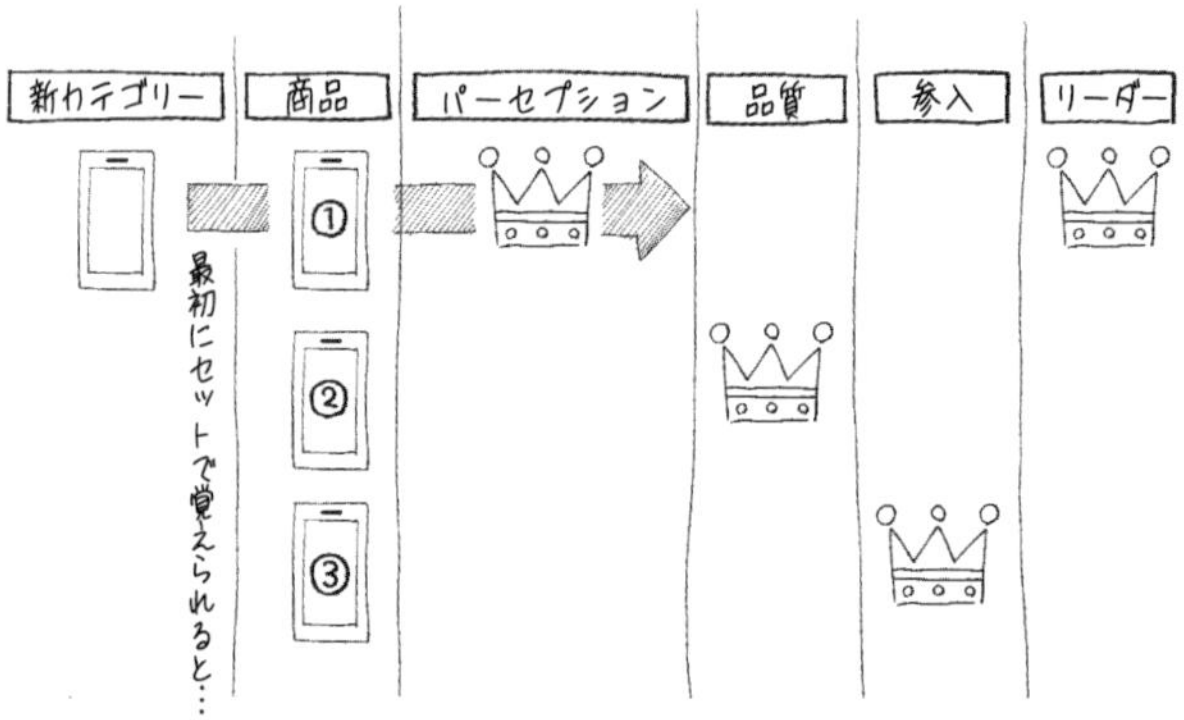

第五講

# 「伝える」

アコさんに横浜の実家に寄る用事があるということで、先週水曜日のマーケ講義はお休みだった。

金曜日は朝まで友達と飲みつぶれ、土曜日は終日家どころか部屋を出ることもなかったが、日曜日は重い腰を上げて昼から横浜のみなとみらいに出かけてみた。

とくにこれといって目的はなかったが、僕の実家も横浜の戸塚で、みなとみらいは高校の思い出が詰まった場所だった。

しばらく来ていなかった間に街はずいぶんと進化していた。思い出のファミレスはなくなっていて、僕はどこか仲間に置き去りにされたような寂しさを覚えた。

週明けからはアコさんを何度か会社で見かけたが、何となく声をかけるタイミングもなく、ジムからとまり木の会話は僕の所属する本部の人事異動の話で持ちきりとなった。

そんなわけで、積もる「横浜話」は結局ケープまで持ち越しとなったのだった。

「週末、久しぶりにみなとみらいに行ったんですが、あの辺もずいぶん変わりましたね」

「変わったよね。新しい市役所ができたり、ロープウェイができたり」

「『みなとみらい』って高校時代の思い出の場所だったんですが、知らないビルがたくさん建ってて、なんか街全体に知らんぷりされてるような気分になりました」

「私はやっぱり横浜がホーム、って行くたびにいつも思うな。アメリカから帰ってきたときは横浜の実家に戻ったんだけど、空港からのバスでみなとみらいが見えたときは涙が出たよ」

「たしかに、空港からのバスでベイブリッジの上からみなとみらいを見ると、『帰ってきた』感がありますよね。懐かしくなるほど日本を離れてたこともないんで、僕は泣いたことはないですけど」

「懐かしかったっていうより、やっぱりアメリカがつらかったんだろうね。地元に帰ってこられて安心したんだと思う」


みなとみらいの街に肩を借りて泣くなんて、あまり人に弱みを見せないアコさんらしい。


「アメリカ赴任、やっぱり大変だったんですね。差別とかもまだあるって言いますもんね」

「そういうのも含めて、生まれて初めての経験がドドッと襲って来たからね。初めての1人暮らし。初めてのマネージャー。初めてやる仕事。その上英語はぜんぜん通じないし、週末に会える友達もいない。挙げ句の果てに彼氏には振られる。あのころの記憶ってあんまりなくって、自分でも、あれをどうやって乗り切ったんだろう、って感じ」

「記憶喪失みたいな感じってことですか？」

「記憶喪失なのかどうかはわからないけど、最初の1年のことはほとんど覚えてない。ハカセの講義を聞き直したり、好きな映画を何回も観てたのだけは覚えてるな」

前回「人生でいちばん落ち込んだとき」の話をした際、アコさんはしばらく黙り込んでしまった。

あれはこのときのことを思い出していたのかもしれない。

桃太郎さんとの別れは、たくさんあった試練の1つでしかなかったのだろう。

でも、もしそのとき桃太郎さんが精神的にアコさんの側にいてあげていたら、アコさんは記憶を失うほど苦しんだりはしなかったのかもしれない。

アコさんはハカセのマーケ講義を聞き直していた、と言っていた。講義の録音に桃太郎さんやアコさんの声はほとんど入っていないが、僕はいつもそこに2人の存在を感じていた。

もしかしたらアコさんは、そんな桃太郎さんの気配を感じたくて、夜な夜なハカセの講義に耳を傾けていたのかもしれない。

「その暗黒時代はどれくらい続いたんですか？」

「だいたい1年くらいなのかな。2年目くらいからは、高速のネイティブの英語にも慣れてきて、何人か友達もできて、車でいろんなところに行ったりもするようになった。仕事もそれなりに充実してきたし」

「仕事は何をやってたんでしたっけ？」

「日本で言う研修企画だね。それのグローバル版。世界中の営業の勝ちパターンを分析して、それをみんなが使えるフレームワークに落とし込む、みたいな仕事」

「5Sみたいなやつですよね」

「まさにその5Sは、私が本社にいるときにつくったんだよ」

5Sとは新卒が最初の営業研修で教えられる、デルファイでもっとも基本的な営業フレームワークの1つだ。

雑談でニーズを探り、課題に対する仮説を立てて、その課題を解決できるソリューションを見つけ出し、それを提案したのちに次のアクションをはっきりさせる。それぞれのステップを表現した英語の頭文字がすべてSなので「5S」と呼ばれている。

まさにこの5Sのシナリオで、今日も2つほど商談をこなしてきたばかりだった。

「まじですか。あれって本社に昔からあるフレームワークなのかと思ってました。ググってもけっこう出てきますよね？　『デルファイの5S』って」

「こういうのもハカセの講義のおかげかもね。マーケティングって3Cとか4Pとか5Cとかよく出てくるじゃない」

「そういうのは僕も何となく知ってますけど、だからって5Sみたいなフレームワークを、そう簡単には考えられないですよ」

「簡単に考えたわけじゃないけど、でもフレームワークを考えること自体は、実際そんなには難しくないと思うよ。大変なのはそれをみんなに説明して、その良さをわかってもらって、実際に使ってもらうための『コミュニケーション』なんだよね」

「なんかリアリティーあります」

「桃太郎もこの時期マネージャーになってたから、自分の考えをたくさんの人に伝えて、その結果人を動かすってことの難しさを実感してたと思うよ」

アコさんは、そう言うとしばらく宙を眺めたあとで、MacBookを広げて操作し始めた。

「この話にぴったりな講義があるよ」

今日は「コミュニケーションのマクロモデル」というのをやります。

これは企業が広告などでメッセージを発信したときに、それが受け手にどう伝わるか、というプロセスを細かく分析したものです。

## コミュニケーションのマクロモデル
## ＝誤解が生まれるメカニズム

なぜそのような分析が必要なのか、というと、コミュニケーションには「誤解」や「聞き流し」がつきものだからです。

家族や親友との何気ないやりとりにも、誤解や聞き流しは常についてまわりますよね。だから赤の他人である企業と顧客が、「メディア」という中継ぎを使って交わす広告コミュニケーションに、誤解や聞き流しが入りこまないわけがないのです。

同時に、広告コミュニケーションにおける誤解や聞き流しはよりいっそうやっかいです。家族や親友とのコミュニケーションとは違って、誤解を解いたり、聞き流しに不満を言ったりするチャンスがそこにはないからです。

それに、誤解が生まれてしまったときそれが発信者に与えるダメージは、日常のコミュニケーションとは比べものにならないくらい大きなものとなります。企業が伝えたいことを増幅するのが広告ですが、広告は同じように誤解も増幅してしまうからです。

そうして増幅された誤解が、SNSによってさらに増幅されたなれの果てが「炎上」です。

一方、そもそもコミュニケーションにおける誤解や聞き流しがどうして、どのように生まれるのか?というメカニズムを理解することができれば、それをなるべく少なくするための対策が立てられます。

そこで考え出されたのが、この「コミュニケーションのマクロモデル」です。

はじめにホワイトボードに全体像を描いておきます。

いまはこれを見て、何を言っているのかさっぱりわからない、で問題ありません。

## デコーディング＝「選択的歪曲」＋「選択的注意」

まずは「受信者側」の流れを説明します。

細い線で書いてある部分に注目してください。

「デコーディング」と「反応」というのがありますね。

まずこれらの要素を見ていきましょう。

コミュニケーションのマクロモデルでは、発信者がメディアを通して伝えるメッセージは、受信者に「デコーディング」されると考えます。

「デコーディング」とは、受け手が無意識に、発信者のメッセージを自分が理解しやすいかたちに変形

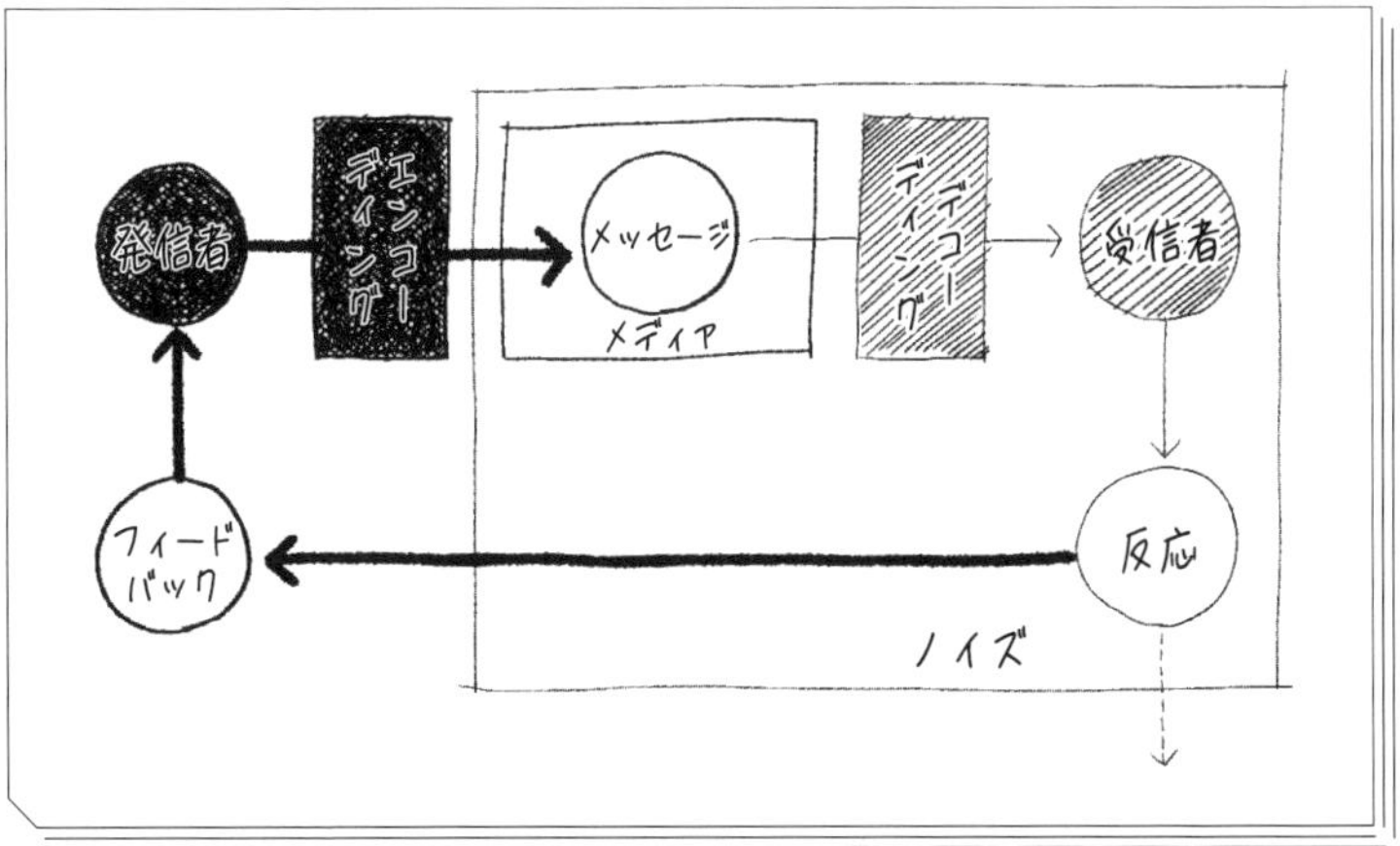

してしまう、というプロセスです。

たとえば、数年前に大規模な食中毒事故を起こしたある乳製品メーカーが、独自に開発した乳酸菌に「スパーク・ガゼリ菌」などという名前をつけたとします。

それを広告で目にした消費者は、無意識に「スパーク」と「菌」に注目して、工場の中で雑菌が「スパーク」している様子を想像してしまうかもしれません。

このように、受信者は自分の過去の経験や知識にもとづいて、無意識のうちにメッセージを「歪めて」受け取ってしまうことがあるのです。これを「選択的歪曲」といいます。

これは発信者としてはとても困ったことなのですが、歪めてでも受け取ってもらえるだけまだマシかもしれません。

そもそも自分には関係のない情報だと直感的に感じたら、受信者は同じく無意識のうちに、そのメッセージから注意を逸らしてしまうからです。これを「選択的注意」といいます。

この「選択的歪曲」と「選択的注意」によって、発信者のメッセージが変形されてしまうプロセスが「デコーディング」です。

こうして「デコーディング」されたメッセージを受け取った顧客は、それに対してさまざまな「反応」をします。ソーシャルメディアでシェアしたり、コメントをしたり、というのがいちばんわかりやすい反応です。

他にも、デジタル広告であればバナーをクリックしたり、CM動画を最後まで見たり、といった受信者の反応を追いかけることができます。

テレビや紙媒体の広告なら、アンケートを取って反応を探るのが常套手段です。

また、こうした何らかの反応を期待したのに実際は何も反応がない、というのも、「選択的注意」で無視されてしまった結果としての1つの反応と言えます。

「デコーディング」は顧客にすらその中身を見ることができないブラックボックスですが、「反応」はその箱から出てきたアウトプットなので、受信者自身はもちろん発信者もそれを見て取ることができます。

この「反応」を発信者側でどう扱っていくか？というのは後ほど発信者側のパートで詳しく説明していきましょう。

## ノイズを分析することで起こりうるデコーディングを予測する

この「受信者」パートには、もう1つ注目すべきポイントがあります。メッセージを「デコーディング」し、それに対して「反応」するまでの間に、受信者はさまざまな「ノイズ」にさらされるという考え方です。

ここで言う「ノイズ」は、受信者にとって不要な雑音、というだけの意味ではありません。発信者の側から見て、自分のメッセージに影響を与える可能性がある外野の要素すべてを、ここでは「ノイズ」と呼んでいます。

受信者にとって不要なのか必要なのか、快適なのか不快なのかは問わないので、たとえばインフルエンサーの発言などもノイズの1つとなります。

競合他社の広告や売り場での情報、関連するニュースや口コミなどが、ここでいうノイズの典型例です。

表現を変えると、ここでいう「ノイズ」とは、発信者のメッセージが透明な水だとして、それを濁したり、それに色をつけたりしてしまうすべての要素です。

メッセージを透明でなくしてしまうのは、不快な泥であれ、綺麗な色の染料であれ、すべての外野の要素がぐちゃぐちゃになった混ぜ合わせです。

受信者の「デコーディング」や「反応」は、そうした混ぜ合わせに変色させられたメッセージに対して行われるのです。

「デコーディング」はブラックボックスなので、いずれにせよ完璧には予測できません。

しかし、もし受信者が実際にデコーディングする前の変色したメッセージを見ることができれば、どんな結果が出てくるかの予想精度はいくらか高まるでしょう。

ノイズを洗い出し、それを分析することの意味はまさにここにあります。

以上が受信者側の流れです。

## 受信者の反応を、発信者の改善アクションに変えるのが「フィードバック」

こうした受信者側のメカニズムを踏まえたときに、「発信者」が気をつけるべきことは何か？　太い線で表現されているのはそんなポイントです。

ここには「エンコーディング」と「フィードバック」という2つのポイントがあります。

「エンコーディング」とは、いま説明した受信者側のプロセスを頭に入れて、どんな「選択的歪曲」や「選択的注意」がそこに挟まりそうかに思いを巡らせ、あらかじめメッセージを調整しておくことです。

先ほどの「スパーク・ガゼリ菌」というネーミングをまた例にとると、あのような「選択的歪曲」の可能性がはじめから想像できていれば、「菌」という言葉を避けて「SG2」などという機能的な名前にしてみる、といった調整ができるかもしれません。

一方、いかに調整を頑張ったとしても、そのメッセージが受信者の側でどうデコーディングされるか?は予測し切れません。結局、それはどこまでいってもブラックボックスなのです。

このことをふまえて、発信者は、受信者の「反応」を常によく観察しておく必要があります。

反応は発信者にも見て取ることができます。また受信者の反応をコントロールすることはできませんが、その反応に対する発信者自身の反応はコントロールすることができます。

つまり、発信者は受信者の反応を、自分自身の「改善アクション」に置き換えることができるのです。

この一連のプロセスのことを、ここでは「フィードバック」と呼んでいます。

たとえば、先ほどの「SG2」という機能的なネーミングに対して、受信者はネガティブな印象こそ持た

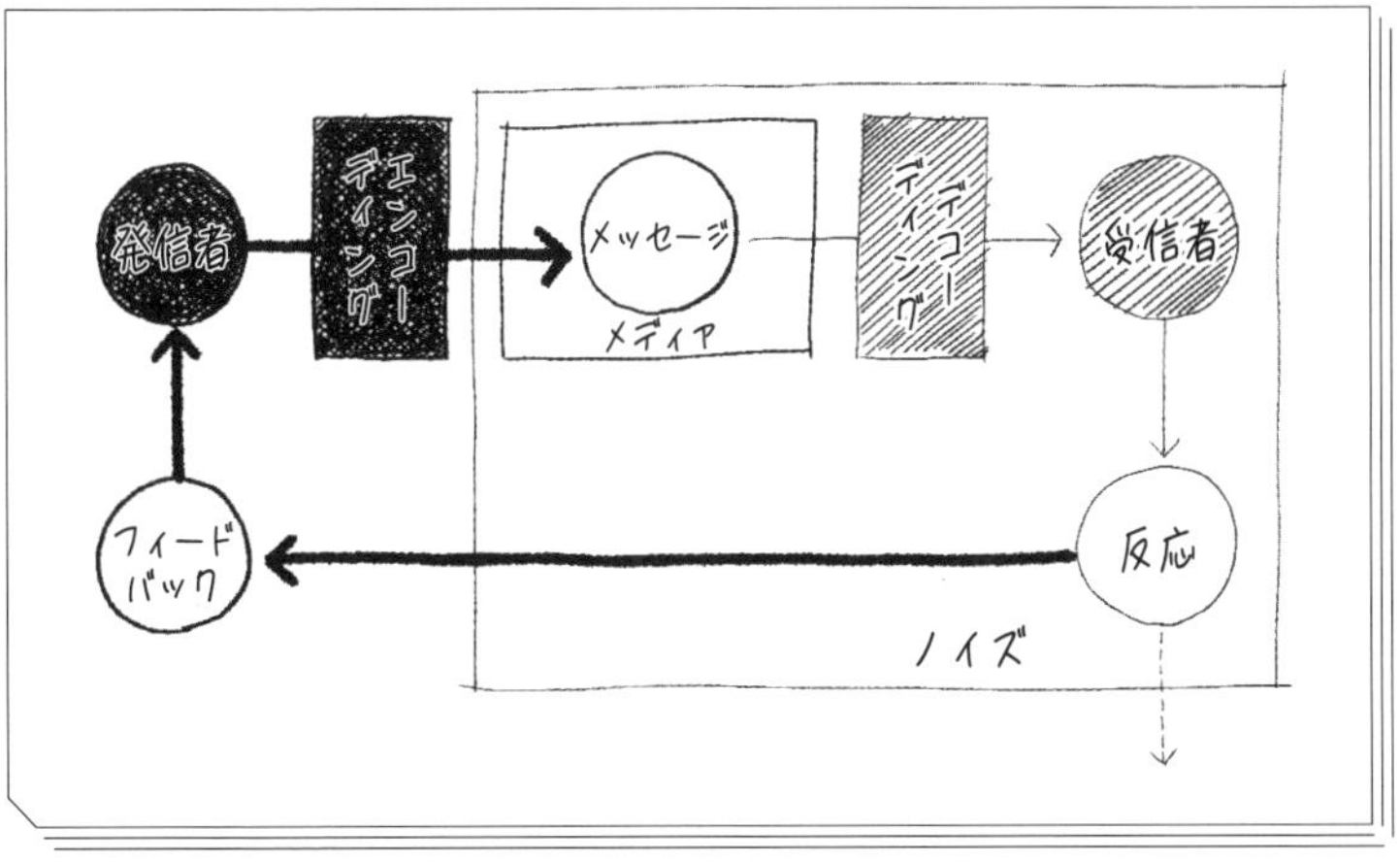

ないものの、一方でビフィズス菌のようなありがたみもあまり感じていない、ということが購入者へのアンケート調査でわかったとします。

そんな反応を受けて、「善玉SG2」などさらにまた別のネーミングに調整する、というのが改善アクションの一例です。

この手のアンケートは発売前に実施することもできるのですが、リサーチ屋としては悔しいことながら、正確な結果を手にするのは難しいというのが正直なところです。

なぜかというと、事前のアンケート調査では、受信者がさらされる「ノイズ」をなかなか再現できないからです。

たとえば最初の「スパーク・ガゼリ菌」というネーミングに対して、一部の受信者がソーシャルメディアで「〇〇のヨーグルト、また菌がスパークしちゃってる！」などと反応することで、それが他の受信者のデコーディングに影響を与える、などということが起こるかもしれません。

このようなノイズの発生や広がりを予測して調査に組み込むことは、AIがさらに発展すればわかりませんが今の時点では不可能です。

事前の調査では問題なかったのに……というのは、CMなどの炎上事案でも実際によくあることです。

それは、このようにノイズを考慮した調査ができないがゆえに起こる問題なのです。事前に防ぎ切るのが不可能なら、あとは事後的に「反応」をよく観察して、それを「フィードバック」に変え続けることでリスクをなるべく少なくするしかありません。

昔から広告のことを「マス『コミュニケーション』」などと言ったりしますよね。それは、こうしたフィードバックでループする一連のやりとりが、広告自体は一方通行でも、全体として顧客との双方向のコミュニケーションに見えるからです。

最近はソーシャルメディアを通じて、企業は顧客と文字どおり双方向のコミュニケーションができるようになってきました。

しかし、そのずっと前から、広告は上手な打ち手にとっては双方向の「コミュニケーション」だったわけです。

## 広告表現の技術＝エンコーディングの技術

最後に、そんな上手な打ち手によるマス・コミュニケーションのいいお手本を、ここで1つ紹介しておきたいと思います。

失敗パターンだけを延々と話していては、2人とも広告恐怖症になってしまい、出世して社長になったりしても広告を打ってくれなくなりそうですから。

広告の世界には名作と言われ、長く語り継がれているものがいくつかあります。

その中でも、フォルクスワーゲンの「レモン」は私のお気に入りの1つです。

広告に詳しい人なら、これを聞いただけである有名な雑誌広告が目に浮かびます。1960年のアメリカの広告です。

「レモン」というのは、車の世界では「欠陥品」という意味です。

ビル・バーンバックという伝説のクリエイティブ・ディレクターがつくったその雑誌広告では、中央に堂々とレイアウトされた美しい黒の「ビートル」の下に、大きな文字で「レモン」というキャッチフレーズが躍っています。

続くボディー・コピー、つまり小さい文字で書かれた長めの文章にはこんなことが書かれています。同社の工場には数千人の検査員がいて、そのうちの1人であるカートなにがしさんがメッキに小さな傷を見つけた、と。そんないきさつで、このビートルは出荷されない「欠陥品」になった、というわけです。

こんな綺麗な車が欠陥品になるほど、それだけフォルクスワーゲンの品質基準は厳しいんだよ……それがこの広告の伝えたいことです。

ところで、「フォルクスワーゲン」とはドイツ語で「大衆車」という意味で、もともとは国が大衆に車を普及させようとしてつくった国策会社なのですね。

だから当時はいま以上にドイツのお国柄がそのまま出ていて、よくも悪くも無骨なイメージのブランドでした。洋服でいえば、ライバルのアメリカ車がスーツやタキシードなら、ドイツ車は作業着や制服のイメージです。

バーンバックは、そんな「ノイズ」をうまくとらえて、フォルクスワーゲンのメッセージを上手に「エンコーディング」したのです。

「欠陥品」というキャッチフレーズに、実直で勤勉というドイツのお国柄はむしろ強調されていると感じませんか？　ドイツ車に対する「選択的歪曲」を逆手にとっているわけです。

その意表をつく自虐性は読者の目を引き、ドイツ車など自分とは関係ない、と考えていた人たちの「選択的注意」を惹きつけることにも成功しました。

その結果、ビートルは勢いよく売れ始めます。

この「反応」を見たバーンバックは、このエンコーディングを勝ちパターンとして、二の矢、三の矢となる雑誌広告を次々に展開します。

「反応」をうまく「フィードバック」に転換したわけですね。

このようにして、フォルクスワーゲンのビートルは一躍ベストセラー商品に躍り出たのです。

余談ですが、私は学生時代に、このビートルのオープンカーを中古で買ったことがあります。いまの奥さんと付き合い始めて、デートに使える車が欲しかったのですね。納車日には、ユーミンの曲に出てくる横浜の喫茶店までドライブに出かけたのを思い出しました。

週末、久しぶりに家族と横浜にでも行ってみましょうかね。

「新しい市庁舎はこの前見たと思うけど、新しい横浜市長って知ってる？」

「いや、知らないです。何なら古い横浜市長も知らないです」

「『前の』市長は林文子さん。市長になる前はＢＭＷの販売会社の社長さん。この人が市庁舎を新しくしました。現市長は山中竹春さん。元大学教授」

「詳しいですね。地元への愛を感じます」

「この前の市長選挙は大乱戦だったから、全国的にもだいぶ話題になってたよ」

「そう言われてみればたしかにテレビで見た気がしてきました。田中康夫が出てましたよね」

「元長野県知事ね。ほかにも元神奈川県知事の松沢さん、当時の国家公安委員長で菅《すが》総理が応援してた小此木さんなんかも出てた。そして当時現職だった林さん」

「凄い顔ぶれですね。そんな中で勝ち抜いた竹中さんはいったい何者なんですか？」

「『山中』竹春さんね。出馬を発表する前は横浜市立大学の教授で、データサイエンスの専門家。選挙当時は無名で私も知らなかったよ」

「データサイエンス？　統計の専門家ってことですか？」

「統計っていう世の中を測る『ものさし』について研究するのが統計学。その『ものさし』を使って世の中の課題を解決していくのがデータサイエンス」

「『データを使って世の中をよくするプロ』である自分の力を活かして、横浜市が抱える課題をデータドリブンで解決していく、みたいなことですかね」

「一郎くんは勘がいいしＩＴの仕事をしてるから、少しヒントがあればそうやって正しく『デコーディング』してくれるけど、普通の人ならそうはいかないよね」

「データサイエンス？　何それ？ってなるでしょうね」

「しかも周りは相当なツワモノぞろいなわけでしょ。知名度も政治経験もない山中さんには、普通に考えたら誰も耳を傾けてくれないよね」

「『ノイズ』が大きすぎて『選択的注意』を引きつけられないわけですね」


アコさんは小刻みにうなずきながら音を立てずに拍手する。


「そこで山中さんは、『大学教授でデータサイエンスの専門家』っていう自分のウリを、『唯一のコロナの専門家』っていうメッセージに『エンコーディング』したの。そのとき医学部の教授だった山中さんは、実際にコロナの治療効果を分析して、その研究成果を発表したりもしてたから」

「当時はコロナの真っ只中でしたからね。たしかにそれなら『ノイズ』をかき分けて、『選択的注意』を惹きつけられるかもしれないですね」

「医学部教授っていう肩書と組み合わせれば、『選択的歪曲』も逆手にとれるしね。みんな『医者のこの人ならコロナを何とかしてくれそう』って思うでしょ。実際には山中さんは医者ではないんだけど」

「それはうまいですね。しかも、『データを使って世の中を良くするプロ』である自分の力を活かして、横浜市が抱える課題をデータドリブンで解決していく、っていうメッセージには変わりはないですからね。その目先の課題がコロナだ、ってだけで」

何十万、何百万という数の人たちと向き合わなくてはならない政治の世界では、このように大企業が広告を考えるレベルでメッセージに気を配らないといけない、ということか。

ＩＴ政策をめぐる政治家の発言などは、僕にはいつも薄っぺらく時代遅れに聞こえていたのだけど、思えばそれらは多くがこのように「エンコーディング」された結果だったのかもしれない。

「本社の人のプレゼンなんかを聞いてると、偉くなればなるほど英語がわかりやすくなる気がします。それも部下が何十人、何百人って増えてくると、この『エンコーディング』を意識する必要がでてくるからなんですかね」

「ポジションが上がっていくと、メッセージの受信者は増えるだけじゃなくて多様にもなってくるから、ノイズが増えて誤解とか聞き流しのリスクはどんどん上がっていくよね」

「テレビでもソーシャルメディアでも、大企業の社長とかってあまり他のリーダーの批判をしない気がします。それってもしかして、リーダーの発言が自分向けではなくて、その他大多数の人に向けて『エンコーディング』されたものだってことをわかっているからなんですかね」

「それもあるかもね。そういうのは見る人が見ればわかるからね。私も本社から帰ってきて、マネージャーになった桃太郎が人前で話しているのを見たら、明らかに話し方が変わっているのがわかったよ」

桃太郎さんも、その変化をすぐに感じ取ることができたアコさんも、それぞれ離れ離れで過ごした3年の間に一回りも二回りも成長していたのだろう。

これまでは桃太郎さんの成長をアコさんに実況中継してもらってきたが、この間はアコさんにもその過程がよくわからないわけだ。そう考えると少し寂しい。

「アメリカにいた3年間、桃太郎さんとは一切やりとりがなかったんですか？」

「なかったですね」

「LINEとかもなしですか？」

「当時LINEはまだなかったけど、とにかく桃太郎からは一切音沙汰なしだったよ」

しかし、よく考えてみれば、当時の桃太郎さんはアコさんのアメリカでの苦しみをまったく知らなかったわけだ。

当時桃太郎さんの目に映っていたのは、マネージャーとして輝かしく本社に旅立ち、そこで新しい営業フレームワークを開発したりなどして、グローバルにその名を轟かせていたアコさんなのだから。

日本で孤軍奮闘する桃太郎さんは、どんな気持ちでアコさんの活躍を知らせるニュースを受けとっていたのだろうか？

アメリカ本社のマネージャーなんて、いまの僕からすれば雲の上の存在だ。

でも当時の桃太郎さんも僕と同じ29歳で、アコさんのアメリカ1年目には僕と同じ平社員だったはずだ。

戻ってきたらパワーアップした状態でもう1回告白させてほしい。桃太郎さんはどんな表情でその言葉をアコさんに告げたのだろうか？

「一郎くんどうした？　急に黙り込んで」

「あ、すみません」

「何か気になることがあるの？」

「いや、あの、アコさん、次の土日どっちか空いてますか？」

「日曜の午後なら空いてるよ」

「横浜で散歩でもしませんか？　先週回りきれなかったんで今週また行こうかと思ってて」

「いいね。散歩しよう」

パニックにかこつけたとてつもなく唐突な誘いだったが、アコさんの反応は、僕がそう誘うのはもう100回目だ、というくらいに自然だった。

# 伝える

- コミュニケーションのマクロモデル＝誤解が生まれるメカニズム
- デコーディング＝「選択的歪曲」＋「選択的注意」
- ノイズを分析することで
  起こりうるデコーディングを予測する
- 受信者の反応を、発信者の改善アクションに
  変えるのが「フィードバック」
- 広告表現の技術＝エンコーディングの技術

《コミュニケーションのマクロモデル》

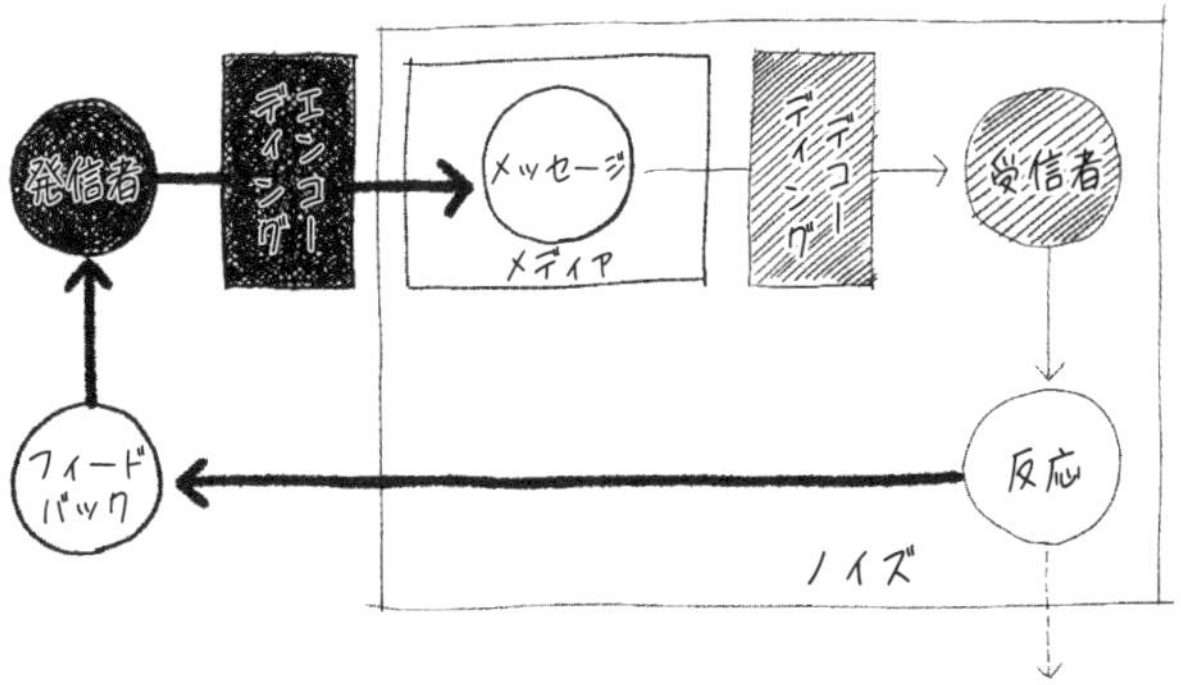

第六講

# 「マーケティングの全体像」

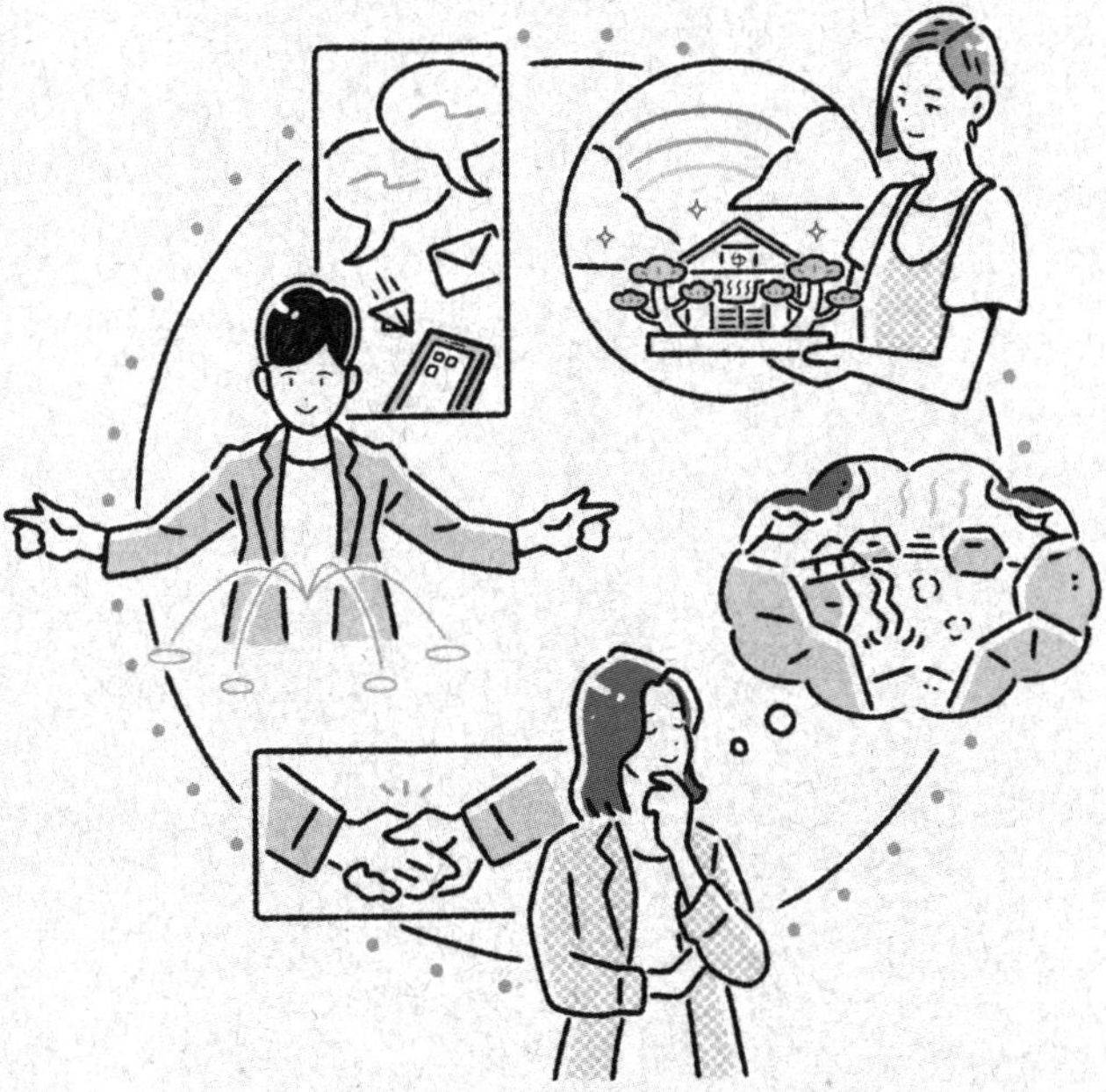

横浜散歩の当日は、12時に「元町・中華街」駅の元町側の改札で待ち合わせだった。

駅には早めの電車で着いたが、改札までのエスカレーターが異常に長く、待ち合わせ場所に着くころには結局ぎりぎりの時間になってしまった。

小走りで改札にたどり着くと、アコさんは外で待っていた。

職場でもいつもわりとカジュアルな格好をしていると思っていたが、休みの日のスタイルはそれより明らかに華やかだった。

何にせよまずはお昼ご飯だね、ということで、僕たちは駅併設のエレベーターで高台を登り、アコさんがよく行くという老舗の洋食屋に向かった。

ドラマやCMのロケにもたまに使われるというその洋食屋は、たしかにとても雰囲気がよく、遠くにみなとみらいを見おろす窓からの景色はポストカードさながらだった。

アメリカ帰りのアコさんが、肩を借りて泣いたみなとみらいの街並みだ。

「アメリカから帰ってきた直後は、アコさんは何をやってたんですか？」

「いったんは営業戦略部の部付きの、チームを持たないマネージャーになったよ」

「あ、じゃあ桃太郎さんと同じ部になったってことですね」

お店に向かう途中は、この辺はあまり昔と変わっていないですね、などという他愛のない話もしたのだが、僕たちの共通の話題はそれほど多くない。

やはりすぐ桃太郎さんの話になってしまった。


「それってちょっと気まずい感じですよね」

「そうでもなかったよ。付き合ってるときも仕事は仕事、って感じで、割り切ってやってたから」

「おかえり、とか、どうだった?とか、そういうのはなかったんですか?」

「みんながいる前で『おぉ、戻ったの?』みたいのはあったよ。でもそれ以外は特に。まあでも、話ができただけまだよかったよ、戻った当初は」

「どういうことですか? 話ができなかった時期があるんですか?」

「結構長かったよ」


アコさんは、フォークでまだ手をつけていないエビフライの頭をつついている。

アメリカ時代は音沙汰なし。そのときの桃太郎さんの気持ちは僕にも少しわかる。戻ってきてもすぐには打ち解けられない。それもよくわかる。なにせ3年間いっさい連絡をしていない元カノなのだから。

でも、その後会っても会話すらしなくなるとは、桃太郎さんはいったいどういうつもりだったのだろう？

「それはあんまりですね、桃太郎さん」
「でも原因は桃太郎じゃなくて私のほうなのよ」

アコさんが原因？　いったいどういうことだろう。
まさか浮気でもしたというのか？
もっとも、そのころはもうお互いフリーなのだから、どちらかが誰かと関係を持ったとしても、それは浮気ということにはならないはずだ。

「当時私たちの上司は坂本さんだったの。その坂本さんが首都圏の本部長に昇格することが決まって、部長のポジションに空きがでることになった」
「坂本さん、新卒のころの上司でした。坂本さんって桃太郎さんの直上司だったんですね。でもその後逆転されちゃったわけですね。もしかしたら坂本さん、それで辞めちゃったんですかね」

「いや、坂本さんと桃太郎はすごく関係よかったよ。相棒同士って感じだった。その後で横並びの本部長になったとき、むしろ桃太郎を社長に推した1人が坂本さんだったし」

「坂本さんってなんか、そういう器の大きさがありましたよね」


アコさんは少し首を傾けながらうなずく。


「私が戻ってくる前だったら、坂本さんの後任は桃太郎が順当だったんだろうね。本人もずっと狙ってたと思うよ。でも、私が帰ってきて部付きのマネージャーになってからは、私がそこに昇格するんだろうって考える人が多かったみたい」

「うわ、そうか。普通に考えるとそうですよね。でも、坂本さんはずっと一緒にやってきた桃太郎さんを推しませんかね。現場を知り尽くしてる桃太郎さんのほうが、『浦島太郎』状態のアコさんより部をうまく回せる、って主張しそうです」

「そのあたりの裏事情は、当事者の私は何も聞いてなかったけど、坂本さんとは何となく距離を感じてはいたよ」


しかしなんということだ。ここで桃太郎さんとアコさんが直接相まみえるとは。

これまでずっと、心の中で桃太郎さんを応援しながらその出世物語を聞いてきたけど、そのライバルがアコさんとなると話は変わってくる。

このシーンでは、僕はいったいどちらを応援すればいいのだ？

「で、その『桃太郎』対『浦島太郎』の、世紀の一戦を制したのはどっちだったんですか？」

「桃太郎の不戦勝。私が自分から辞退した」

「えー!?」

僕が突然大きな声を出したので、隣のテーブルでおもちゃ遊びをしていた小さい女の子が、びっくりして固まってしまった。

アコさんがごめんね、ととりなすと、女の子は笑顔に戻ってアコさんに人懐っこく手をふる。

アコさんは泣き出しそうなほどに顔を崩して手を振り返す。女の子の両親は笑っている。

「当時の営業戦略本部長の元村さんから意向を確認されたんだけど、アメリカでいろいろ考えて、やりたいことはもうはっきりしてたから、それより人事に異動させてほしいってお願いしたの」

「人事!?　そういえばアコさん人事にもいたって言ってましたね」

「元村さんはもともと坂本さんの意見を聞いて桃太郎で行きたかったんだろうし、私を推してた人事本部長は『人事に来たいの？　それなら！』って感じで、わりとすんなり話がまとまった。いろいろあったけど、結局最後はみんなにとってハッピーな結末になったのでした」

みんなにとってハッピーな結末。

それは桃太郎さんにとっても、本当に100％ハッピーな結末だったのだろうか。

「それって桃太郎さんは、アコさんが自分のために辞退した、って思わないですかね？」

「そう思ったんだと思うよ。情けをかけられた、って。それで話をしてくれなくなった」

「話をしてくれないって、話しかけても無視するってことですか？」

「話しかけられないように避けてる感じかな。人事に異動になった後は、フロアも変わって業務でも絡まなくなったから、わざわざ避けなくてもほとんど顔を合わせることはなくなったけど」

「でも、アコさんは実際に桃太郎さんに情けをかけたんですか？」

「違うよ。本当に人事の仕事がやりたかった。アメリカにいた間にそう考えるようになってた」

「ハカセのマーケ講義を聞き直して、って感じですか？」

「そうだね。きっかけになった講義があったんだ」

「それってもう僕聞いてますか？」

「まだ聞いてないよ」

昼食を済まして外へ出ると、観光名所である外国人墓地のまわりには明らかに人通りが増えていた。

ふと別れた彼女とこのあたりを散歩したことを思い出した。最近は休みの日にはほとんど家を出ない僕だが、そういえばもともとはアウトドア派、というか散歩が好きなのだった。

アコさんも散歩が大好き、ということで、僕らは元町商店街まで山手の高台を下っていき、そこから山下公園と大さん橋を経由して、歩いてみなとみらいまで行くことにした。

途中日本大通りのカフェでお茶を飲んだりしたので、みなとみらいの駅に着いたときにはあたりはもう暗くなっていた。

結局2人ともそこに帰るわけだし、と、まずは祐天寺の駅に戻ると、落ち着けるのはやっぱりとまり木だねということになり、結局われわれはわずか中3日のインターバルで佐々木さんと対面することになったのだった。

そして、佐々木さんのiPadを借りて、ハカセのマーケ講義を聞くことにした。アコさんの人生を大きく変えたという例の講義を。

今回はまず、ここらへんで一度マーケティングの全体像の整理をして、その後「パーパス」というものについての話をしたいと思っています。

顧客にとっての「価値」は直感的にはわからない。
だから分析して定義する

マーケティングの全体像を理解するための、もっとも重要なキーワードは「価値」です。

なので最初に、これまでの話を、この「価値」という視点を入れて一通り振り返ってみましょう。

「差別化」と「品質」。この2つは、価値に注目して考えると、両方とも「顧客にどんな価値を提供するか」という話です。

まず「同質化要素」を整えて、その上に「差別化要素」を乗っけていくという差別化は、言ってみれば顧客にとっての「価値の差」を生み出すための努力です。

「当たり前品質要素」や「魅力的品質要素」などの品質の話も、顧客が何に意味のある価値を感じるか？というテーマの深掘りと言えます。

いずれも「顧客にとっての価値」というところがポイントです。

たとえばスパみたいな温浴施設における「清潔さ」というのは、Kanoモデルで言えば「当たり前品質要素」です。

ただ、よく考えてみると、大きな温浴施設を掃除するのはかなり手間と時間がかかりますよね。運営者の視点で考えると、本来そこには小さくはない価値があるはずなのです。

一方「顧客にとっての価値」で言うとどうなのか？というと、悲しいかなそれはあって当たり前、なければマイナスという「当たり前品質要素」になってしまう。

顧客が温浴施設の一体何に意味のある価値を感じるか？というのは、このように運営者が運営者の立場で考えているとなかなかつかみきれないものなのです。

そして、それは実は顧客自身にもよくわからないのです。だから、シンプルに顧客に聞いてみればいいではないか、ということでもありません。

私にとってのこのスパの価値は、みたいなことをいちいち考えなくても、アコさんはお気に入りのスパを楽しむことができますよね。

顧客にしてみたら、そんなことをわざわざ考える必要は一つもないわけです。

だからこそ、温浴施設の運営者は、これまで紹介してきたようなフレームワークの力を借りて、顧客にとって意味のある価値は何なのか、ということを突き止めていかなくてはならないのです。

そして、そうやって明らかにした顧客にとっての価値を、あらためて「定義する」必要があるのです。

温浴施設を設計して運営するには、何人もの人が力を合わせる必要がありますよね。

内装をデザインする人。サービスを考える人。それを実際に提供する人。そうした大勢のチームプレイで「価値を創造」していくわけです。

このとき、それぞれが自分の考える価値を勝手に創り出してしまっては、小さな子どもがみんなでワイワイつくるデコレーションケーキのようなものができ上がってしまいます。

ああいうのはクリスマス会などのイベントで見る分には可愛いのですが、実際にお店に並んでいたりしたら何だこれは？ということになりますよね。

「価値の定義」が欠かせないのはそのためです。

それは、みんなでつくるデコレーションケーキの「設計図」になるわけです。

## せっかく創造した価値も、顧客がそれを知らなければ意味がない

「目立つこと」や「コミュニケーション」の話では、そのように定義して創り出した価値を、今度はどうやって顧客に伝えるか？というのがテーマでした。「価値の伝達」ということになります。

いかに顧客視点で考え、顧客にとって意味のある価値を定義して創り出したとしても、それを顧客が知らなければ存在していないのと同じです。

それは自分ではなく「顧客にとっての」価値を形にしたものなのですから、当の顧客が知らなければ、結局は誰にとっても意味のないものになってしまいます。

もっとも実際には、お店の存在をただ伝えればいい、というわけではないのが「価値の伝達」の難しいところです。

「セイリエンス」と「リーダーシップの法則」。覚えていますか？ ハンバーガーと言えばマクドナルド、コーラと言えばコカ・コーラ、というやつですね。

そのように、ブランドは自分たちと関連するキーワードの間に、顧客の頭の中で1つひとつリンクを貼っていく必要があったのでしたよね。「ただ知ってもらう」だけではなく、「思い出してもらう」ために。

そうした状態をつくり出すには、広告などの「コミュニケーション」が欠かせないわけですが、そこには常に「ノイズ」があって、メッセージが思わぬ形で「デコーディング」されてしまう、という問題もありました。

## 「私にとっての価値」＝「顧客にとっての価値」とは限らない

「価値を定義」して、その定義に従って「価値を創造」して、最後にその「価値を伝達」する。

この3つのステップが、マーケティングのざっくりとした全体像です。

理解を深めるために、このプロセスを一気通貫させる具体例を考えてみましょう。

たとえばここ中目黒に3人で新しい温浴施設をつくるとして、このフレームワークを使ってマーケティング計画を一から組み立ててみましょうか。

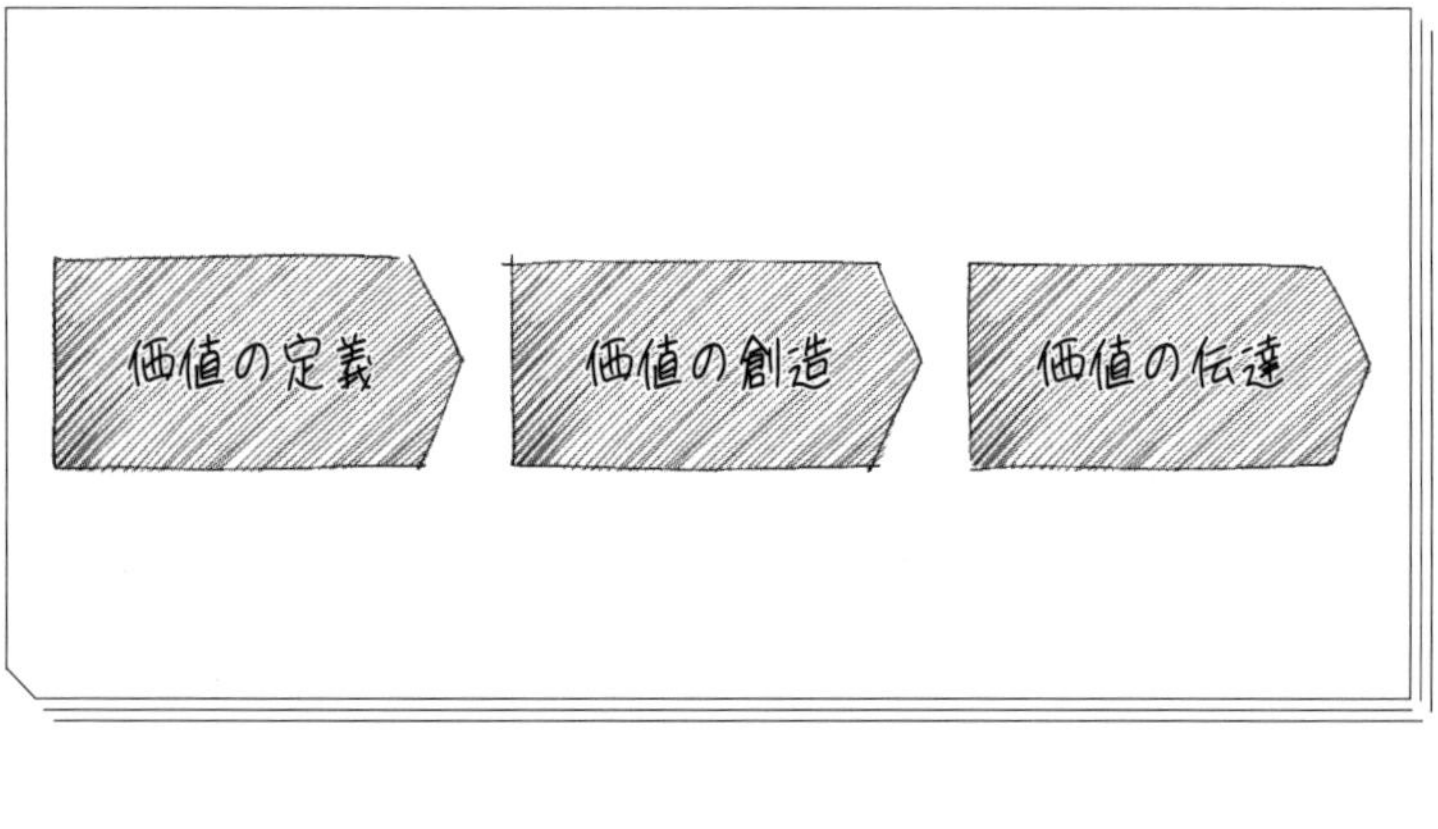

まずは「価値の定義」からです。「顧客にとっての」価値は何か？を、「価値の創造」に先立ってじっくりと考え、みんなの共通認識となるように言葉にしていくプロセスですね。

桃太郎さんのスポーツ飲料を開発する、という話を以前しましたが、そこでは最初にフレーム・オブ・リファレンスの設定をしましたよね。今回もまずそれを準備することにしましょう。マクドナルドの「料理の提供が早い」という価値は、顧客にとっての、たとえば「ファーストフード店としての」価値ですよね。フレーム・オブ・リファレンスは、価値の定義の段階では、この〇〇としての、をはっきりさせるために力を発揮します。

ここでは、「都市型の大型温浴施設」というフレームを想定することにしましょうか。水道橋の東京ドームシティーにある、「スパ ラクーア」なんかが主なライバルになるイメージです。

さて、ここから具体的な価値を考えていくにあたって、私から1つ提案があります。何を隠そう私は大のサウナ好きなので、ここはひとつ、私の個人的な好みでやってみるのはどうでしょうか。

そうですね、常にローリング・ストーンズの曲とライブ映像が流れている「ホット・スタッフ」というサウナをつくる、などというのはどうでしょうか？　曲は「ホット・スタッフ」以外ももちろんかけますよ。

ダメですかね。残念です。

どうも私にとっての価値とお2人にとっての価値は、微妙に周波数がずれていたようです。ラジオの周波数は、少しでもずれていると音がよく聞こえないですよね。価値も同じで、相手にぴったりチューニングしてあげないと届けることができません。

私は実際にローリング・ストーンズが好きなのですが、彼らの音楽というのは、基本的には彼らが個人的な好みで曲をつくって演奏しています。

それが「たまたま」私の価値の周波数に合っていて、その他世界中のロックファンの価値の周波数にも合っていた結果、彼らは世界的な人気者になれたのでしょう。

このように、価値の周波数が、その時代に生きる多くの人々にはじめからチューニングされている状態を人は「センス」と呼ぶわけですね。

実はそういう芸術家的なセンスを活かしてビジネスをやっていて、それで成功している人もけっこういます。世に言う「成功者」にはそういう人のほうが多いかもしれません。

それはそれで素晴らしいのですが、マーケティングの考え方はそれとは違います。

価値の周波数が自分と顧客ではかならずしも合ってはいない、という前提に立って、それを全力でチューニングしにいく。それがマーケティングの基本スタンスです。

そういうと、マーケティングには創造性は必要ないのか？なんて言い出す人がいそうですが、マーケティングにも創造性は必要です。それどころかとても重要です。

ただ、マーケターに求められるのは自分を表現する「芸術家」の創造性ではなく、相手をハッピーにする「エンターテイナー」の創造性なのです。

英語の「エンターテイン」とは、おもてなしをして楽しんでもらう、という意味ですよね。だから「接待」を英語でいうと「エンターテインメント」になります。

エンターテイナーといえば芸人さんですが、芸人さんは劇場で腕を磨きます。あれは観客の反応をアンケートのように使って、面白さという価値の周波数を「チューニング」しているわけです。

そうしたチューニングの中で、芸人さんは自分の個性も磨いていきます。観客が、他にたくさんいる芸人さんの中から「その人に」求める面白さに、自分をチューニングしていくことになるからです。

相手をよく知り、相手に喜んでもらう。そのなかで自分の個性にも磨きをかけていく。お笑いとマーケティングはよく似ています。どちらも同じ「エンターテインメント」なのです。

そんなわけで、私たちもここでは「エンターテイナー」になりきりましょう。

自分の個人的な好みはいったん脇に置いておいて、「顧客をハッピーにできる」温浴施設の価値とは何か？をひたすら考えてみることとします。

そのために役に立つのが、これまで紹介してきたフレームワークです。

ここでは同質化要素と差別化要素、Ｋａｎｏモデルの５つの品質要素をそれぞれ定義してみましょう。

こうしたフレームワークは、私たちの思考回路を、強制的に売り手の理屈から買い手の理屈に切り替えてくれるので便利です。

これらは通常リサーチをしながら進めていきますが、いまは想像力だけを頼りにするしかありません。

こんな感じではどうでしょうか。

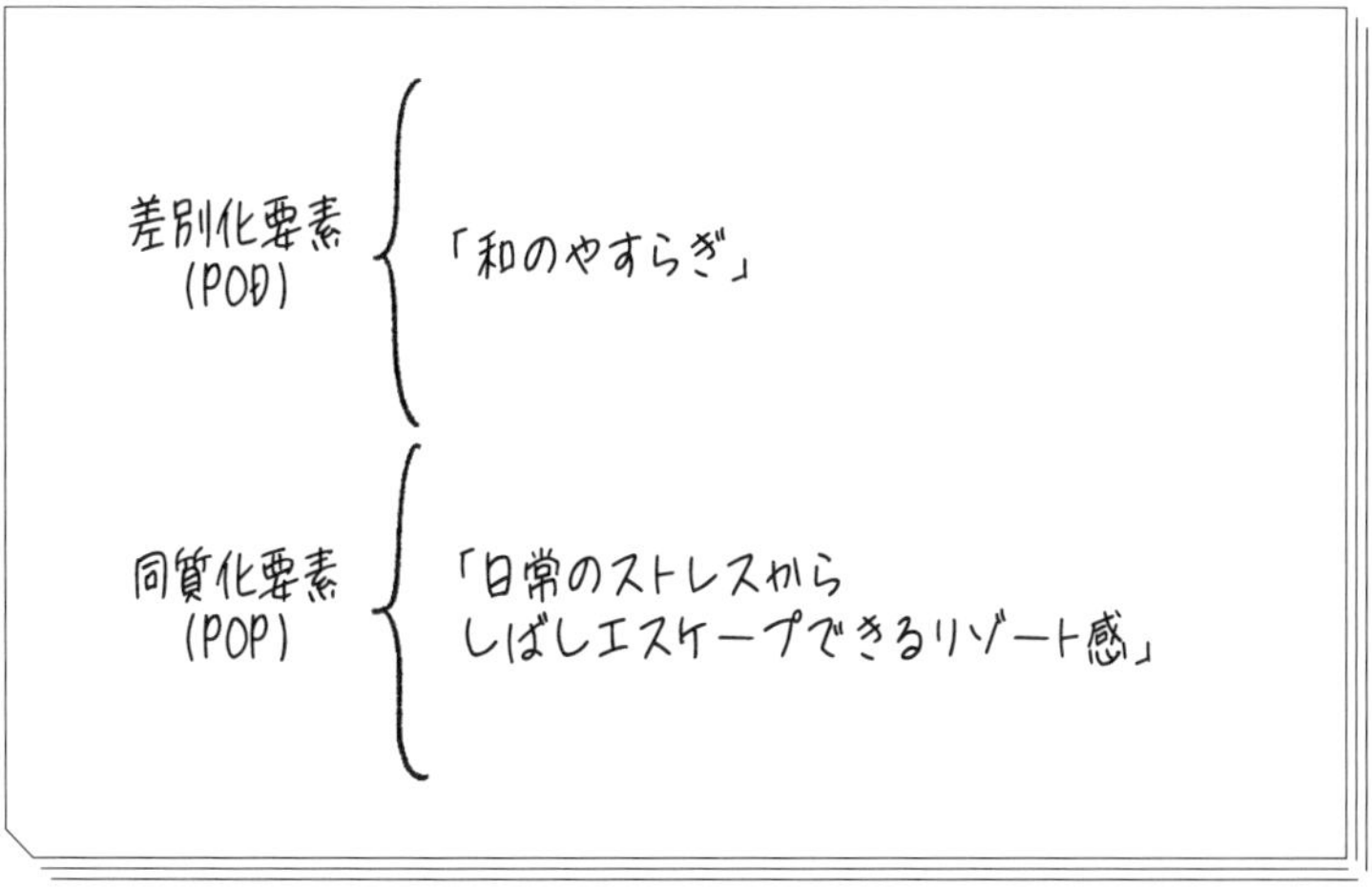
差別化要素
(POD)
「和のやすらぎ」
同質化要素
(POP)
「日常のストレスから
しばしエスケープできるリゾート感」

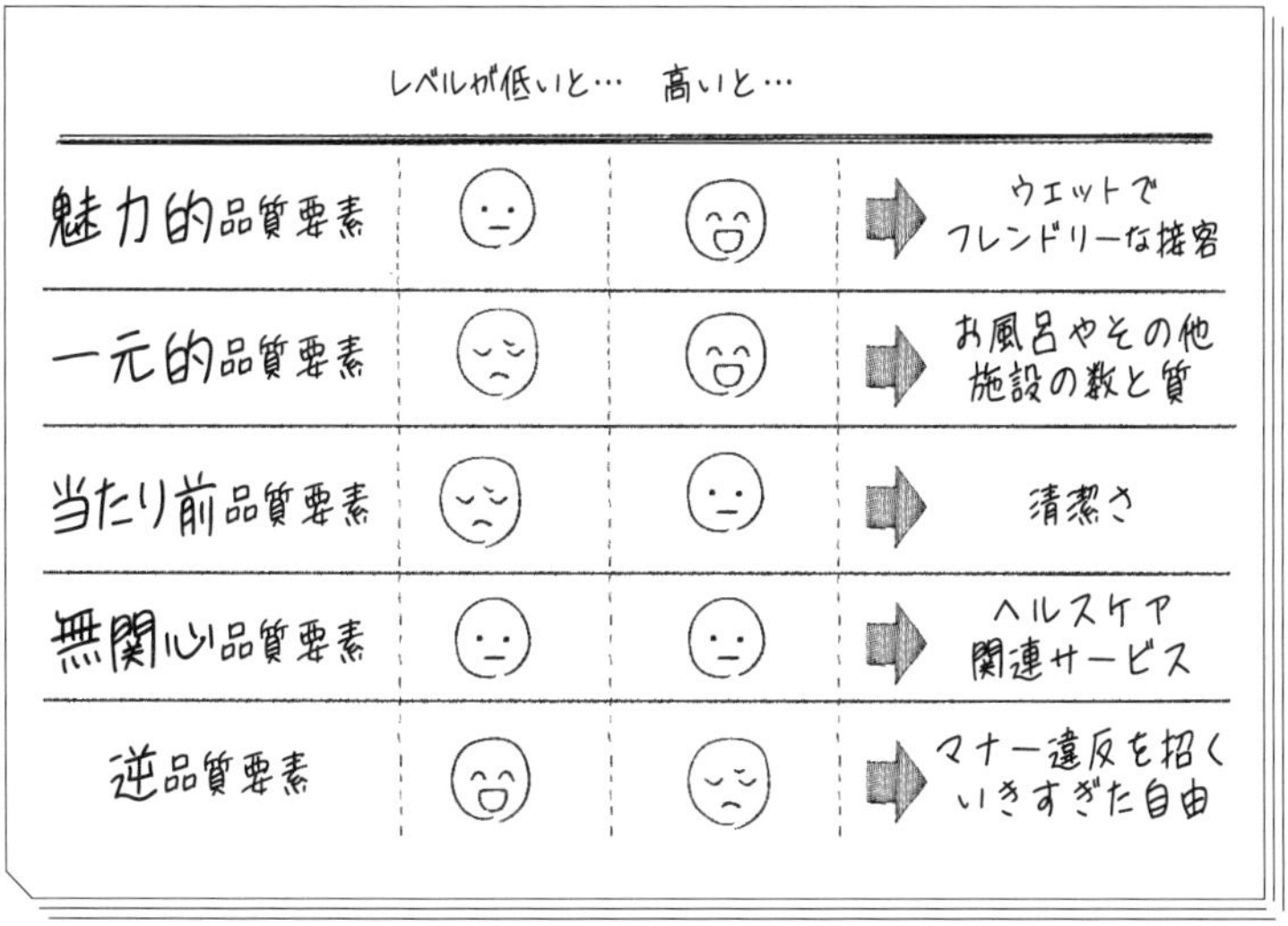
レベルが低いと…　高いと…
魅力的品質要素
ウエットで
フレンドリーな接客
一元的品質要素
お風呂やその他
施設の数と質
当たり前品質要素
清潔さ
無関心品質要素
ヘルスケア
関連サービス
逆品質要素
マナー違反を招く
いきすぎた自由

## 顧客を思って価値を定義しても、それを創り出し、伝えないとハッピーにはできない

こんな感じで「価値の定義」ができたら、次はそれを実際の商品やサービスとして形にしていきます。「価値の創造」です。

まず同質化要素として定義した「リゾート感」を演出するために、ラグジュアリーなレストラン、休憩スペース、露天風呂なんかを設計していくこととしましょう。

これらの数と質は「一元的品質要素」だと考えているので、ライバルをよくチェックして、見劣りしないように整えていく必要があります。

そして差別化要素である「和のやすらぎ」をつくり出すために、内装やスタッフのコスチュームには和のテイストを取り入れることにしましょう。

また、顧客対応は高級ホテルのようにスマートでドライな感じではなく、老舗旅館よろしく多少おせっかいでもウェットな感じを出していくことにしましょう。

こちらは「魅力的品質要素」だと考えているので、ライバルが何をやっているか？にとらわれず、クリエイティブに接客マニュアルやスタッフの採用方針、研修メニューを開発していきましょう。

そして最後は「価値の伝達」です。

これらすべてが万全に整ったとしても、それを肝心の顧客が何も知らなければ、結局は価値を届けられないので意味がありません。

厄介なのは、ただ知らせるだけでよいのかというと、決してそうではない点です。

「スパ」「サウナ」「温泉」「女子会」などといったキーワードと、我々のスパがいちばん太いリンクでつながっている状態を目指して、広告コミュニケーションを考えていく必要があるのです。また、その際は、「ノイズ」と「デコーディング」をしっかりと頭に入れておかなければなりません。

これらを踏まえると、たとえば普通なら広告会社などがマーケティング関係者向けに広告を出すマーケティング専門誌に、「今日行ける温泉」などと銘打ってデジタル広告を出す、などというアイデアが考えられます。

まさに「エスケープしたい」仕事中に広告を見てもらえますし、他の広告とのいい意味でのミスマッチが顧客の「選択的注意」を惹いてくれるでしょう。マーケティング関係者は普通の人よりソーシャルメディアをよく使いますので、気に入ってもらえれば口コミを広げてもらえることも期待できます。

さて、今日はだいぶ長くなってしまいましたね。

実は本当に話したかった本題はここから、だったんですが、次回にまわすことにしましょう。

少しだけ内容をチラ見せすると、ここまでの話には自分の意思が入っていないですよね。

自分は何がしたいのか？　そして、どうありたいのか？という意思。

また、誰が顧客なのか？　誰を相手にするべきなのか？という問題も実を言うと宙に浮いています。

この2つをつなげる考え方として、次回は「パーパス」というものの話をしたいと思っています。

いつも以上に長く噛みごたえのある内容を消化しようと、僕がわざとらしく顎に手を当てて考え込んでいたので、アコさんはしばらく黙ってiPadを操作してくれていた。

急に静かになったケーブの中に、店内のＢＧＭが湯気のように忍び込んでくる。

そのとき突然、お店そっちのけでスマホを見ていたバーカウンターの佐々木さんが、急に吹き出すように笑い出した。

２人でケーブから顔を出してカウンターを見ると、佐々木さんは「うす」といった感じでこちらを見返してうなずいた。

顧客をエンターテインしなくてはならない店主が、顧客そっちのけでエンターテインされてどうするのだ。そう思ってかどうかはわからないが、アコさんは耐えきれずに爆笑し、しばらく立ち直れずに笑い続けていた。

「あーおかしかった」

「佐々木さんにも一度この講義を聴かせたほうがいいんじゃないですか？」

「佐々木くんは、あれはあれでエンターテイナーなんだよ。エンターテイナーにはそれぞれのスタイルがある、って話だったじゃない」

「それでいうと、顧客をハッピーにするエンターテイナーに徹した結果、ハカセのスパがスパラクーアとはまったく別のスタイルになったのは面白かったです」


ローリング・ストーンズのように、「自分の好き」を追求しただけで人気者になれるセンスの持ち主ではなくても、「誰かの好き」に合わせて自分をチューニングすることで必要とされる人になる、という道がある。

それだけではなく、そうして誰かをハッピーにする「エンターテイナー」を目指した結果、逆にその誰かが自分の個性を見つけてくれることもあるわけだ。

そう考えることで、個性がないことがずっと悩みだった僕は、薬が効き始めるように心がスーッと軽くなっていくのを感じた。

「ここまでくると、マーケティングってもはや哲学というか、1つの『生き方』みたいなもんなのかもな、と思えてきました」

「誰かをハッピーにするために生きる、という生き方だよね」

「自分を表現するために生きる、っていう生き方もあって、どっちが正しくてどっちが間違っているというものではない、ってことですよね。でも誰かをハッピーにするために生きるって、まさにアコさんの人柄そのものな感じがします」

「この講義を聞いていちばん共感したポイントはそこだったよ。だからアメリカでも聞き直したし、それが自分のキャリアのターニングポイントになったんだと思う」

「逆に桃太郎さんは、芸術家みたいに自分を表現するタイプなんですかね？」

「最初はそう考えてたんだと思うよ。でも、その生き方だとぜんぜん自分の思うようにはいかなかった。それでどん底まで叩き落とされたときに、ハカセの考え方に出会って、やり方を少し変えてみたことでうまくいき始めた」

「たしかによくよく考えてみると、やっぱり桃太郎さんは『芸術家』というより『エンターテイナー』なんですかね。タウンホールでの話とかを聞いていても、他の幹部に比べて桃太郎さんの話は断然わかりやすくて、僕らに寄り添ってくれてる感じがします」

「誰かをハッピーにするために生きる、ということと、自分が人前に出て目立つ、ということはそれはそれで矛盾しないからね。誰かをハッピーにするには、人それぞれのスタイルがある。桃太郎みたいに人前に出るやり方もあれば、私みたいに誰かを裏で支えるやり方もある」

ここまで話してふと思い出した。この「マーケティング問答」は、最初にとまり木に来たときにアコさんがすでに教えてくれていたのだった。

そのときはただ心に引っかかっていただけのハカセの哲学が、いまは分厚い壁を浸透して心の深いところに馴染んでいることに僕は気づいた。

「しかしハカセは策士ですね。何も考えてないようでいて、実はすごく計算してカリキュラムを組み立ててたんじゃないかって気がしてきました」

「どこまで計算していたかはわかんないけどね。でも、こうやって人のキャリアとか人生を変えることが、きっとハカセの天職だったんだろうね」

「でもそうだとしたら、マーケティングの先生になっちゃうのはもったいなかったですね。それこそアコさんみたいに人事になって、みんなにこの考え方を教えてくれればよかったのに。僕も直接ライブで聞いてみたかったです」

「政経大学では、マーケティングじゃなくて『キャリア論』を教えてるんだよ。今はキャリア学部の学部長をやってる」

初めてここに来たときに、アコさんが政経大学のホームページを開いて、ハカセの顔写真を見せてくれたときのことを思い出した。

あの少年のような不器用なはにかみは、目を閉じなくても思い出せるほどくっきりと僕の頭に焼きついている。

あの日の僕にはまったく想像できなかった、アコさんと桃太郎さんのこれまでのキャリアも、今ではハカセに連れてきてもらった高台からだいぶ見渡せるようになっていた。

最後の要所にかかった霧は、きっと次の「パーパス」が晴らしてくれるに違いない。

# マーケティングの全体像

- 顧客にとっての「価値」は直感的にはわからない。
  だから分析して定義する
- せっかく創造した価値も、
  顧客がそれを知らなければ意味がない
- 「私にとっての価値」＝「顧客にとっての価値」とは限らない
- 顧客を思って価値を定義しても、
  それを創り出し、伝えないとハッピーにはできない

第七講

# 「パーパス」

僕が初めてのスパーリングで左の目元に大きな痣《あざ》をつくっている間、夜の東京には春が訪れていた。

アコさんと2人でジムを出ると、頬を撫《な》でる夜風は冬がもうそこにはいない、ということを告げていた。

ヘッドギアとグローブをつけているとはいえ、人と殴り合うなんて生まれて初めての経験だった。なのだが、緊張せず練習どおりにコンビネーションを繰り出せる自分に少し驚いた。

相手は年上の石塚さんという男性で、最古参の練習生同士アコさんとも仲がいい。

遠くからパッと見るかぎりは普通の「休日のパパ」という感じなのだが、近づいてみると数珠のようなリストバンドやらゴールドのネックレスやらが変な威圧感を放っており、野球部の怖い先輩を思い出すので何となく避けていた人だった。

スパーを終えて話してみると、しかし何のことはない気のいいおじさんで、僕をセンスがいいとしきりに褒めてくれた。

この近くで焼き鳥屋を2店舗経営している、ということで、今度アコちゃんと食べに来てよ、とわざわざロッカーまで取りに行って名刺を渡してくれた。

「石塚さんのお店、アコさん行ったことあるんですか？　今日、スパーの相手石塚さんだったんですよ」

「そもそも私はそっちの常連で、石塚さんに誘われてここのジムに入ったんだ。いまは超人気店になってぜんぜん予約とれないんだけど、『はなれ』のほうなら石塚さんに連絡すれば、石塚さんが自分で枠を管理してる2階の個室に入れてくれるよ」

「え、そんな凄いお店だったんですか？　『鳥しん』でしたっけ」

「前の社長のレイが気に入ってて、レイと桃太郎とゲストと私って組み合わせでも何度か行ったよ。レイは『鳥しん』が覚えられなくて、いつも『ホール・パート・オブ・チキン』って呼んでたな。鳥の全部の部位を食べさせる店だ、って」

では、あの石塚さんの名刺は、実はかなりのプレミアム・アイテムだったのか。超人気店のＶＩＰ席にコネで予約をねじ込むことができれば、デートで相当なポイントを稼ぐことができそうだ。

もっとも、マッチングアプリは先々週課金をやめてしまっていた。しばらくは仕事とキックボクシングに真剣に向き合ってみようかな、という気になっていたのだ。

「なんか一郎くん、最近歩くのが速くなったよね。どんどん『桃太郎化』が進んでるよ」

「桃太郎さん、歩くの速いんですか？」

「桃太郎は超せっかちなんだよね。ご飯を食べるのなんて倍速再生を見ているような感じだよ」

桃太郎さんのこういう話をするときのアコさんは、いつもすごく楽しそうだ。

会話の間が空いたので、ふとアコさんを振り返ってみて気がついた。たしかに、僕は以前は、アコさんの真横を歩いていたかもしれない。文字どおり顔色をうかがいながら。

そして、僕の歩みが速くなった分、それに合わせるアコさんの歩き方も少し変わっていることに気づいた。スキップするような、歩いている自分を楽しんでいるような歩き方だ。

「先週までの話だと、桃太郎さんと浦島太郎さんは『冷戦状態』に入っていましたよね。それがいつ雪解けしたんですか？」

「37歳のときだから、冷戦開始から2年くらいかな。『冷戦』なんてよく知ってるね。私たちが子どものころの話だよ」

「世界史で習いました」

「でも、私と桃太郎は、別に何かを争っていたわけではないからなぁ。当時冷戦してたのはむしろ桃太郎と柳さんだよ」

「柳さん？　営戦本部長の柳さんですか？　柳さんも僕の前の上司ですよ」

「柳さんはそのとき、広域から首都圏の本部長に移ったばかりだったの。桃太郎はその年に営戦部長から広域の本部長に昇格したんだけど、2人は経営会議でいつもやり合ってるって噂だった。柳さんは桃太郎が新卒のころの上司だったし、桃太郎の前任者でもあるからたしかに微妙だよね」

「え、じゃあ新卒のころ桃太郎さんを干してた上司って、柳さんだったんですね！」

「柳さんも考えての上だったとは思うけどね。桃太郎も結局は取り立ててもらったわけだし、感謝してるところもあったんだろうけど、坂本さんと違って柳さんとは変な距離があったよ」

◆

初めてのスパーリングの興奮と春の訪れに背中を押された早歩きのせいで、僕らはいつもより早くとまり木についた。

しかし、とまり木に閑古鳥が鳴いているのは相変わらずで、佐々木さんがヘラヘラしているのも相変わらずだった。

たとえ明日世界が終わるのだとしても、佐々木さんはきっとここでこうして客の来ない店を開け、バーカウンターでスマホを眺めているのだろう。

世界の終わりを告げるニュースをXで見る佐々木さんは、さすがに少し寂しそうな顔をしているに違いない。

「で、結局、『桃太郎』と『浦島太郎』はどうやって仲直りしたんですか?」

「ハカセの出世祝い。その年にハカセが政経大学のキャリア学部長に就任したから、お祝いをさせてほしいなって思ったの。ハカセは私がアメリカにいる間に退職しちゃったから、結局送別会もできてなかったし」

「3人の集まりは『自然消滅』しちゃってたんですね」

「ハカセの送別会とか、講義の打ち上げとか、桃太郎の出世祝いとか。私たちには本当だったら節目がいくつもあったんだよね。でも、私のせいで全部飛んじゃってたから、なんか埋め合わせをしなきゃなって」

「アコさんのせいではないですけどね。どっちかっていうと桃太郎さんのせいじゃないですか」

「どっちにしても、2年も経つと、お互いになんで喧嘩してるのかよくわからなくなってくるよね。それで桃太郎には会社のメールで声をかけてみたら、テンション高めに『行く!』って返事が返ってきた。そんなわけで、3人は8年ぶりに顔をそろえることになりました」

「その場を録音してくれてたら、課金してでも聞きたかったです」

「最初はちょっとギクシャクしたけど、3人で話してるとすぐに昔の空気が戻ってきたよ。桃太郎も私も録音を聞き直してたから、講義のことはハカセがいちばん覚えてなくて笑ったな」

「その場にいたかったです。何か僕だけ仲間外れにされてる感じがします」
「そのときは私が仲間外れにされてる気がしたよ。2人ともすごい出世しちゃって」
「でも、アコさんも人事でハッピーだったんですよね？　そもそもアコさんはどうして人事に行くことにしたんでしたっけ？」

アコさんはその質問に黙ってうなずくと、トートバッグからMacBookを取り出した。

「『いちばんよかった回は何か？』って3人で話したの。桃太郎と私の答えは同じだった。私はこの講義を聞いていなかったら、人事には異動してなかったと思うし、いまこうして一郎くんと話していることもなかったと思う」

今度は僕が黙ってうなずく番だった。

前回は「マーケティングの全体像」の話をしましたよね。
これですね。

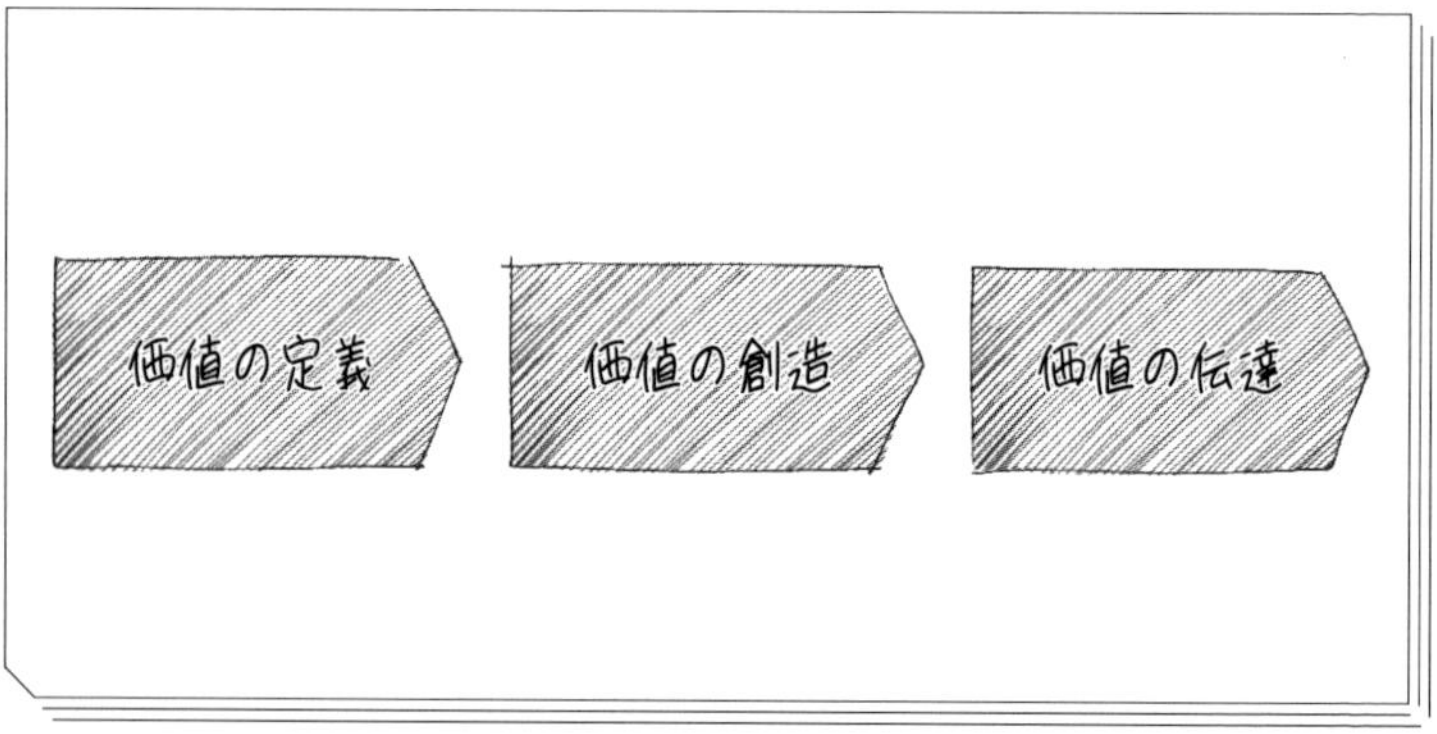
価値の定義
価値の創造
価値の伝達

　そして今日は、ここに「自分の意思」を入れて、その上で誰が価値を届けるべき相手なのか？　つまり顧客は誰なのか？という問題にも答えを出していきます。これは「顧客の定義」ということになります。

　先に全体像をホワイトボードに描いておくと、こんな感じです。いまは何を言っているかわからなくても問題ありません。

　ポイントは「パーパス」がその答えを出してくれる、ということです。

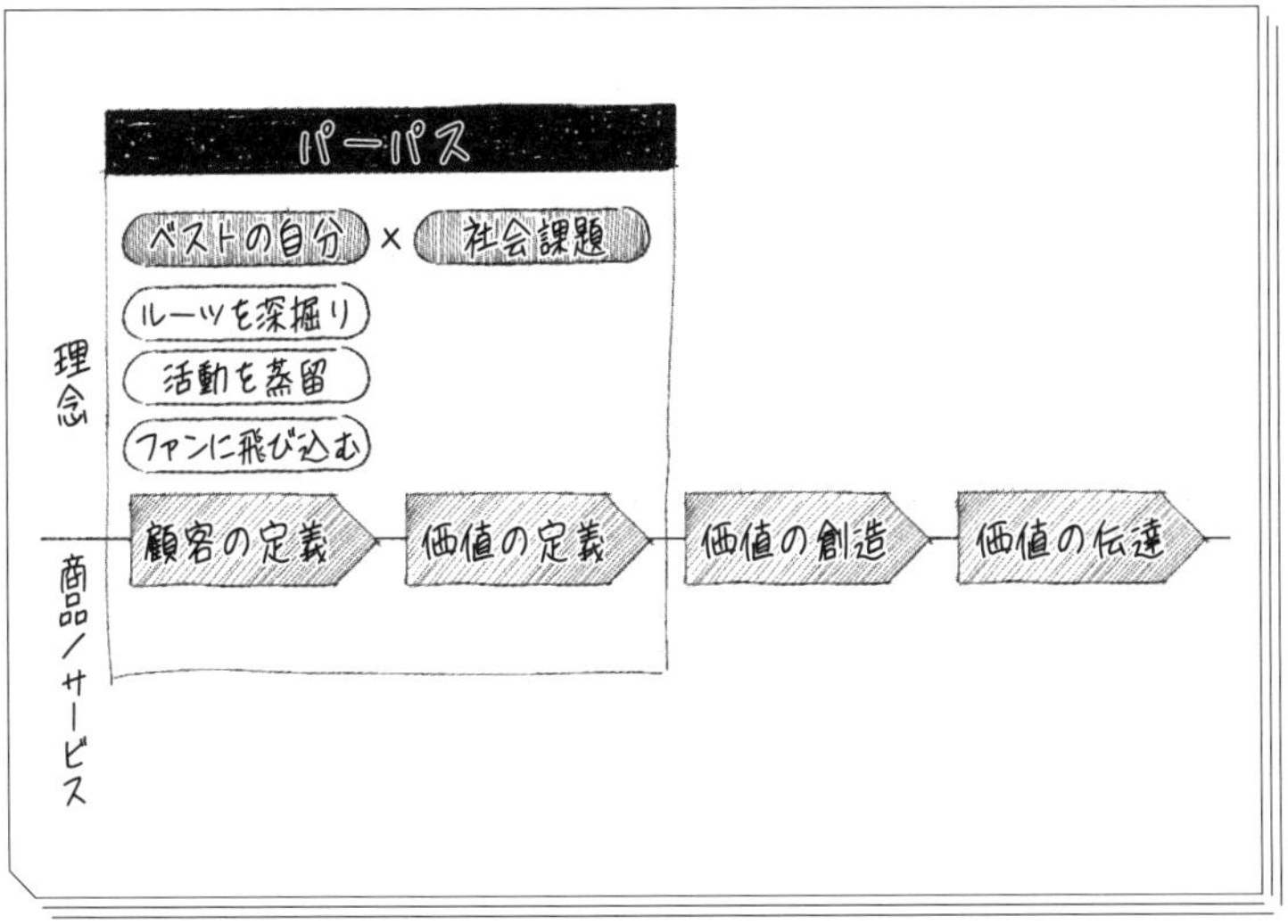

## 魅力的でなければパーパスの存在理由はない

パーパスというのは、一言で言うとそのブランドの「存在理由」です。つまり「なぜ」そのブランドが存在しているのか？ということですね。

「なぜそのブランドは存在しているのか？」に答えを出しているなら、そういったすべてをこの講義では「パーパス」とひとまとめにして考えます。

ビジョンでもミッションでも、他に好きな言い方があればそれに変えてもらってもかまいません。

たとえば「ダヴ」のパーパスは、「すべての女性に美を前向きにとらえてもらうこと」です。ユニリーバのグローバルウェブサイトでは、これは「ミッション」と呼ばれています。この女性というのは、女性という性自認を持っている人や、性自認がはっきりしていない人も含むそうです。

ダヴのアメリカ版のウェブサイトによると、自分のことを美しい、と感じている女性は、グローバルな調査でもたった4%なのだそうです。

また、10人に6人の少女が、自分の容姿に自信がないために何かをするのを諦めたことがある、と答えたそうです。

これは自尊心を重んじるアメリカでの数字ですから、それより調和を重んじるアジアや日本で見ると、きっともっと悪い数字なのでしょうね。

「ダヴ」というブランドは、このような世の中の状況を変えて、女性に「自分は美しい」と自信を持ってもらうために存在する。ダヴのパーパスはそういうことを言っています。

これをパーパスと呼ぶのか、ミッションと呼ぶのか、ビジョンと呼ぶのか。繰り返しますが、それはこの講義では脇に置いておきましょう。

私がここで問題にしたいのは、それより何よりこの「存在理由」が魅力的かどうか？ということです。

このダヴのパーパスはとても魅力的ですよね。

私は性自認も生物学的にも男性ですが、祖母・母・妻・娘と大切な女性がたくさんいますので、このパーパスにはとても共感します。

自分に何かできることがあるならぜひ力になりたいな、と心から思います。

同社は日本ではずっとＡＢＫと仕事をしていたので、博通時代には一度もダヴを担当することができなかったのですが、もしできていたらいつも以上に全力投球していたでしょうね。

そしてもちろん、このパーパスに共感する顧客は、ダヴの商品をより好むでしょう。ダヴしか買わない、という熱狂的なファンになるかどうかは置いておいて、同じような値段と性能の競合製品と迷ったときは、ダヴを選ぶ確率が高くなることは間違いありません。

こうした力、言ってみれば「磁力」を持っていなければ、パーパスであれミッションであれビジョンであれ何であれ、そこにある意味はほとんどないと私は考えています。

どこかで聞いたことがあるような、とってつけたようなパーパスを掲げるだけ掲げても、それが人を惹きつけなければ意味がありません。

それでは「存在理由」のない「存在理由」になってしまいます。

## 魅力的なパーパスは「ベストの自分」と「社会課題」が交わる点にある

ここまではわかったとして、ではどうすれば、存在理由のある存在理由、人を惹きつけるパーパスを考えることができるのでしょうか？

オグルビーというアメリカの広告会社は、この存在理由のことを「ビッグ・アイデアル」と呼んでいます。また新しい呼び名が出てきましたね。

アイデアルというのは「理念」という意味です。

ビッグというのは、この広告会社の創業者であるデヴィッド・オグルビーという人が、かつて提唱した「ビッグ・アイデア」というコンセプトへのリスペクトになっているのでしょう。

オグルビーさんは、『オグルビー・オン・アドバタイジング』という本のなかで、「ビッグ・アイデア」についてこんなことを語っています。

消費者の注意を惹きつけ、商品を買ってもらうにはビッグ・アイデアが必要だ。ビッグ・アイデアがない広告は、夜中の船のように誰にも気づかれず眼の前を通りすぎて行ってしまう。

つまり簡単に言えば、ビッグ・アイデアとは、人を惹きつける、素通りされないアイデアだということです。

これらを考え合わせると、「ビッグ・アイデアル」というのは、単なるアイデアル＝理念ではなく「人を惹きつける」理念だということになるでしょう。

どこかで聞いたことがあるようなとってつけたようなパーパスは、たとえ「アイデアル」であったとしても、決して「ビッグ・アイデアル」ではないわけですね。

では、どうしたら単なる「アイデアル」が「ビッグ・アイデアル」になるか、ということです。

同社のコリン・ミッチェル氏とジョン・ショウ氏に言わせれば、それには「ベストの自分」と「社会課題」の交わる点を見つけることだ、となります。

「社会課題」というのは、社会とか文化が発展していくなかで、避けがたく起こってしまう緊張や衝突のことです。もっとも極端な例は紛争や差別です。

『ロミオとジュリエット』でも『レ・ミゼラブル』でも、多くの人が共感する悲劇の物語というのは、主人公たちにはどうしようもない社会の歪みの上に描かれているものです。

「社会課題」とは、そうした社会の歪みから生まれた、私たちが生きる現代のリアルな問題です。

人種差別のような深刻な人道危機から、飛行機のセキュリティーチェックの行列などといった小さなイライラまで、社会の歪みが生み出す問題は大小さまざまです。

そうしたさまざまな社会課題を解決するということは、多くの人から悩みや苦しみのもとを取り去ってあげることに他なりません。

そのようなかたちで「社会課題を解決する」ものであるというのが、「人を惹きつける理念」の1つ目の条件です。

もう1つの条件である「ベストの自分」というのは、そのブランドの理想形です。

いま現在どうなのか？というのはいったん置いておいて、究極の理想としてはどうなのか？

そんな夢を思い描いてみるのです。

これを考えるには3つのルートがあります。

1つ目はブランドのルーツや歴史を深掘りすることです。

そのブランドや会社を始めた人は、実はそんな究極の理想を最初にしっかりと掲げていたのかもしれません。

思い半ばで他の人に引き継ぎ、その人がまた他の人に引き継ぎ、としている間に忘れられてしまったものの、「ベストの自分」の姿は、実は創業者が心に思い描いていた。そういうケースは、伝統あるブランドにはわりとよくあるものです。

2つ目は、そのブランドがいまやっていること、そしてこれまでずっとやってきたことを「蒸留」してみる、というアプローチです。

いまやっていることやこれまでやってきたこと。それをとことん煮詰めていって凝縮すると、そこに「結局はこういうことだよね」というそのブランドのエッセンスを見つけ出せることがあります。

たとえば、リクルートはいろいろな事業をやってますよね。人材紹介、求人サイト、美容院やレストランの予約、結婚式場の仲介などなど。

「まだ、ここにない、出会い。」を演出するという同社の素晴らしいスローガンは、そういったすべての事業をとことん煮詰めていった結果、最後に残ったエッセンスなのでしょう。

3つ目はファンに飛び込んで聞いてみる、というルートです。

アメリカの人気ビールであるミラー・ライトは、発売当初インディアナ州のアンダーソンという街で不思議な売れ方をしていました。

当時のアンダーソンといえば工場の街です。「ダイエット効果」をウリにして、エクササイズをする女性のパッケージで展開していたライトビールが、工場で働く男性たちに飛ぶように売れているとはこれいかに。

不思議に思った担当者が現地のバーに潜入してみると、ビールをなるべくたくさん飲みたい工場労働者が、「満腹感を感じにくいから好きなんだ」ということでミラー・ライトをガブ飲みしていたそうです。

「楽しい時間を演出する」というミラー・ライトブランドの理想像は、そこから見えてきたわけです。

このように「ベストな自分」の姿は、時として自分自身にも見えていないことがままあります。

「社会課題」と「ベストの自分」が交わるところに人を惹きつける理念が生まれる。

この視点で、あらためて先ほどのダヴのパーパスを紐解いてみましょう。

まず、女性の自尊心が低い、というのは、疑いようもなく社会の歪みが生み出した「社会課題」です。

「ベストの自分」のほうはどうでしょうか。

1957年にアメリカで生まれたダヴを、一躍有名にしたヒット商品が「ビューティー・バー」でした。いわゆる「固形石鹸」を、単に汚れを落とす「洗剤」ではなく、肌に潤いをもたらす「化粧品」と位置づけた画期的な商品です。

それ以来ダヴは、時代に合わせてカテゴリーを広げ、商品のバリエーションを増やしながらも、一貫して「女性が美しくあること」を応援し続けてきました。

「すべての女性に美を前向きにとらえてもらうこと」というダヴの存在理由は、このようにまさに「社会課題」と「ベストの自分」が交わる点につくられているのです。

だからこそ人を強く惹きつける「磁力」を持っているわけです。

## 理念は達成することではなく、そこに向かって進み続けることに意味がある

さて、ここでもう一度ホワイトボードの図を見てみましょう。

こうして「社会課題」と「ベストの自分」をかけ合わせた結果のパーパスは、自動的に「顧客の定義」と「価値の定義」になっていることに気づきましたか？

たとえばダヴの場合は、「すべての女性に」が顧客の定義にあたり、「美を前向きにとらえてもらう」が価値の定義にあたります。

なんでそうなるのかというと、そもそも「社会課題」というものは、誰かの悲しみや苦しみ、悩みや困りごとだからです。

それを解決するということは、それを抱える人たちを相手に何かしらの価値を提供することに他なりません。

ただ、このパーパスというのは、あくまで「理念」です。理念とは、いってみれば北極星のような「目印」です。そこを目指して進んでいくことはできますが、それを実際に手にすることはできないものなのです。

たとえば「戦争のない世界」などという理念はどこまでいっても理念であり、それが現実世界で100％実現されることはないでしょう。

しかし、それは決してネガティブな意味でも、諦めでもありません。

なぜなら、たとえそれが完全には実現で

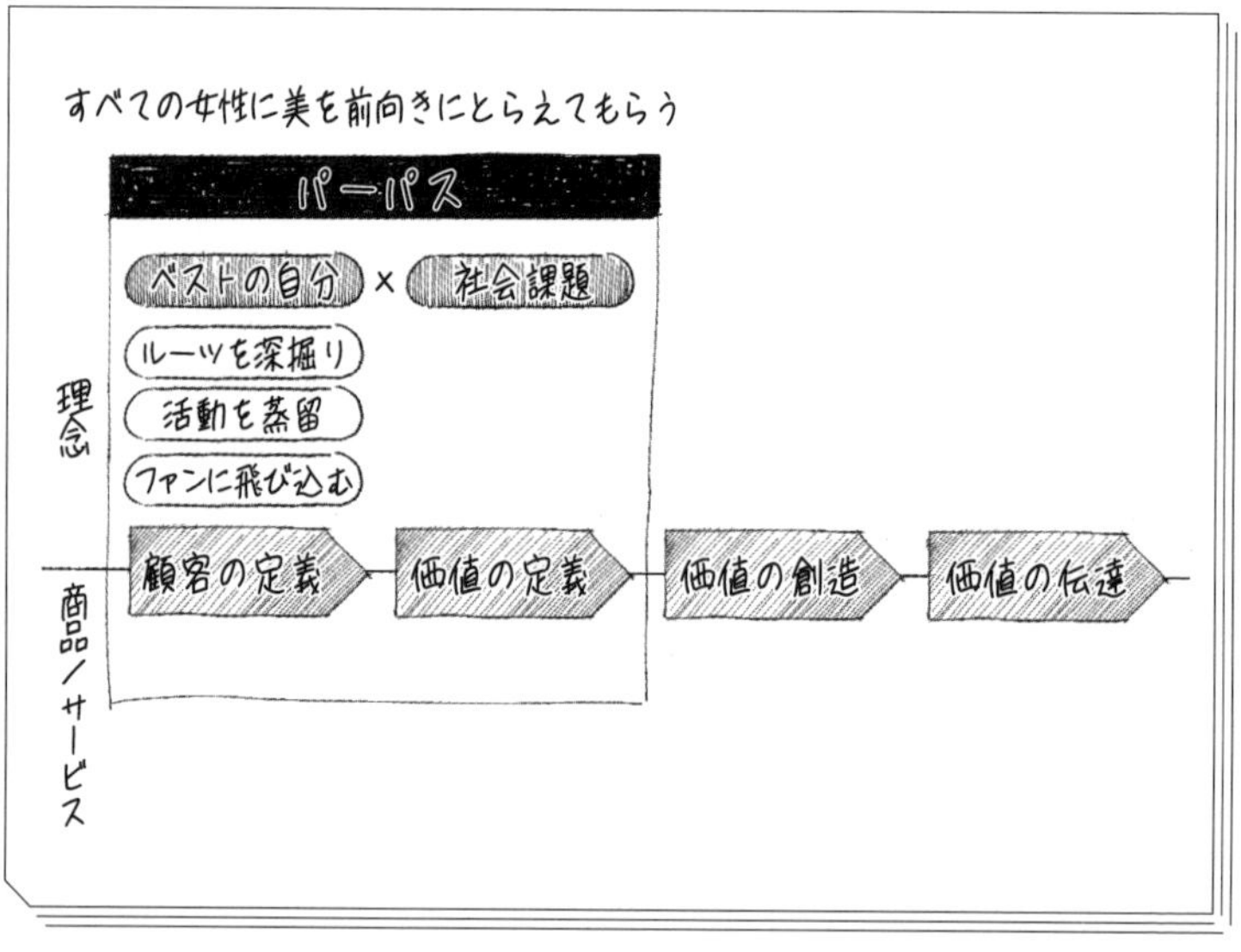

きないとしても、理念があれば私たちはそこに近づいていくことができるからです。

そこに向かって進み続けることができる、というのが、何よりこの「理念」というものの使いどころなのです。結局はいつまでたってもそこに辿り着くことができないからといって、そんな使いどころがダメになってしまうことはありません。

ジョン・レノンは戦争のない世界の歌を歌いましたけれど、残念ながらいまもまだ戦争は世界の少なからぬところで行われています。

でも、だからといって、彼の「イマジン」が名曲であることに変わりはありませんよね。むしろだからこそ、より一層の輝きを放つのではないでしょうか。

理念のよしあしは、それがどれだけ現実的かどうかで決まるわけではありません。それがどれだけ多くの人を惹きつけ、動機づけできるかどうかで決まるのです。

## 一歩一歩の前進を何十年と続けるために、それを引っ張るパーパスには磁力が必要

これまで語ってきた「パーパス」というのは、実はそんな「夜空に輝く北極星」だったというわけですね。

それに対して、具体的な商品やサービスは、地上の世界でその北極星を仰ぎ見る私たちの一歩一歩です。

だからそれらをつくるときは、設定したパーパスを究極の目印としながらも、目の前の顧客やその顧客のリアルな悩みにフォーカスして、たとえ不完全でも現実的な価値を考えていくのです。

たとえばアメリカのダヴには、ひび割れ肌用のビューティー・バーがありますが、その商品の「顧客の定義」「価値の定義」「価値の創造」「価値の伝達」は、想像するに次のようなものになるでしょう。

### 顧客の定義

・乾燥肌の女性
価値の定義
・ひび割れの軽減
価値の創造
・権威ある皮膚科医と共同開発した処方
価値の伝達
・皮膚科医をフィーチャーした広告

実際のところは、いくら乾燥肌の女性のひび割れを軽くしたところで、「すべての女性に美を前向きにとらえてもらう」というダヴの理念が達成されることはないでしょう。

そもそも、それが完全に達成される日は、おそらく永遠に訪れません。この世に生きるすべての女性が、自分の美について10

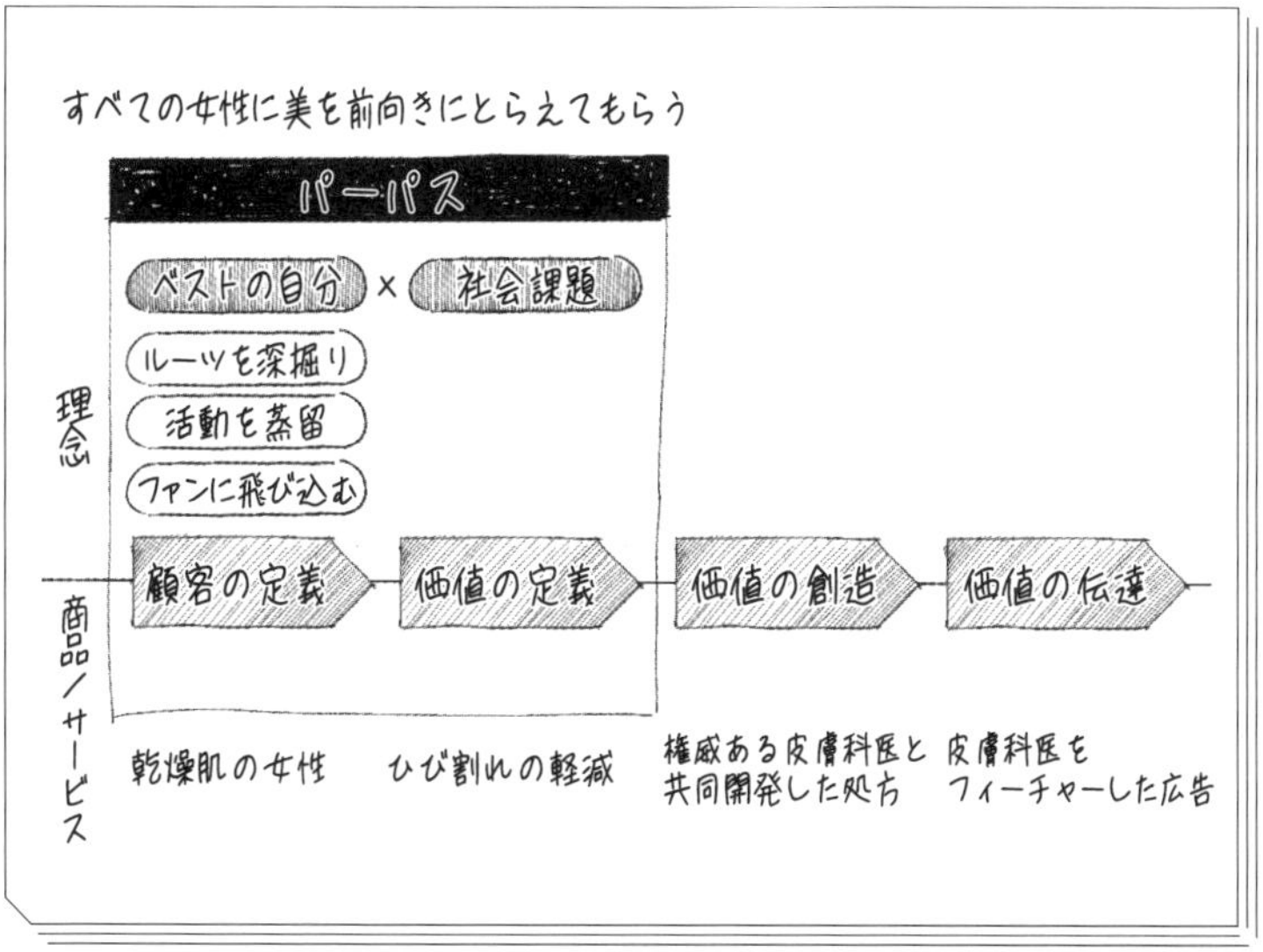

0％の自信を持つ……そんな状態は、現実的にはありえないですからね。

でも、だからといって、その理念やそれを具体化した商品がダメだということにはなりません。

理念は、私たちがそれを北極星のように仰ぎ見て、そこに一歩でも近づいていくために存在しているからです。

そして具体的な商品は、実際にそこに私たちを一歩近づけるために存在しているのです。

そうした一歩一歩の前進を何十年と続けるために、それを引っ張るパーパスには強い磁力が必要なのです。

さて、こうして話も一周りしましたので、今日はこのあたりで終わりにしましょう。

ハカセの最後の一言が漆喰の壁に吸い込まれると、ケーブは鳥たちが飛び立った後の巣のように静かになった。

アコさんはMacbookの画面を見ながらかすかに頭を動かしている。ゆっくりとうなずいているようにも、忍び込んできたBGMに合わせてリズムを刻んでいるようにも見える。

「『社会課題』と『ベストの自分』が交わる点ってやつ、ちょっと考えてみてたんですが、自分なんてベストの状態でもきっと大したことはないし、自分が解決できる社会の課題なんてあるはずない、って思っちゃうところがあります」

僕がそう言うと、アコさんは何かの塊を飲み込むようにゆっくりとうなずいた。

「一郎くんの夢って何？」

「夢？　ですか？　うーん、いまは特にないですね。小中学生のころは野球選手とか、大学生のころはギタリストとかありましたけど」

「『ベストの自分』、大したことあるじゃん」

「『ベストの自分』って夢のことなんですか？」

「そうなりたい、こうありたい、っていう『理想の姿』って意味では、同じなんだと思うよ」

「でも、いま全然そうなれてないですから」

「『ベストの自分』も、パーパスと同じで『北極星』なんだよ」

そうか。「夢」も「ベストの自分」も、結局はハカセのいう「理念」なわけだ。それを遠くに仰ぎながら歩き続けることに意味があり、もしかしたらそこには永遠に辿り着けないからといって、その価値がなくなるわけではない「道標」。

叶えるもの、ではなく、追い続けるもの。子どものころの夢を叶えて野球選手になった大谷さんも、まだ見果てぬ道標を追い続けているからこそ、あのような信じられない活躍を続けられているのかもしれない。

その意味では、幼い夢を叶えた野球選手やギタリストこそ、そんな夢の本当の姿を知っているのかもしれない。

「そういうことですね。野球選手とかギタリストは、いまは違うと思うんですが、北極星のような『ベストの自分』っていうのは、あらためて持ってたいなとちょっと思いました。いまは全然そこからかけ離れているからって、それで尻込みする必要はないんですもんね」

アコさんは緊張が解けたように表情を崩す。

「それに、こうありたい、っていう理想が、かならずしも野球選手とかギタリストのようにかっこよく目立つ存在である必要はないよね」

ベストの自分。あるべき自分。理想の自分。いまの僕にとって、それはどんなものなのだろう。

子どものころの夢だったり、就職活動向けのキャリアゴールだったり。いままで僕が抱いたそんな「理念」たちは、すべて誰かに考えるように言われたものだった。それは言い過ぎだとしても、誰かに言って聞かせることを強く意識したものだった。

そして、喉元を過ぎて誰からも問いただされなくなったときに、僕はそれらを、初めから自分には関係のないものだったと乱暴に投げ捨ててしまっていた。

子どものころの夢のように、卒業文集にのせる必要はない。就職活動向けのキャリアゴールのように、先輩社会人の聞こえを意識する必要もない。

それと同時に、いまの自分からかけ離れたものだって、永遠にそこには辿り着けないかもしれないものだってかまわない。

そんな、いっさい肩肘を張らない、純粋に自分だけのためのベストの自分。

それを見つけてみたい、と僕は思った。

自分のルーツ。いままでしてきたことや、いましていること。僕を支持してくれている人たちの声。そんな「3つのルート」と睨めっこをしながら。

そして、その「ベストの自分」という理念が「社会課題」と交わるところに、「パーパス」というもう1つの理念が生まれるのだとしたら。

それが、僕と社会の交わる点である仕事の道標になるのだとしたら。

僕に解決できる『社会課題』とは、一体どんなものなのだろう。

「それと『社会課題』ですよね」

「『社会』っていろいろあるよ。人類とか世界とかもそうだけど、身近なコミュニティーだって1つの社会なんだよ」

自分のパーパスやミッションといっても、誰もがイーロン・マスクのように、文明や環境の危機から人類を救う必要はないわけだ。

社会課題とベストの自分が交わる点は、かならずしもそんなドラマチックな場所にあるわけではない。

また、そうした場所にないからといって、その交点が存在しないわけでもない。

パーパスには、いろいろな形や大きさのものがあっていいのだ。

「結局桃太郎さんはどうやって見つけたんですか？　自分のパーパス」

「自分で見つけたんじゃなくて、デルファイのみんなに見つけてもらったんだよ。あのときハカセの講義に出会ってなくて、あのままずっと自分の殻に閉じこもってたら、きっといまでも見つけられてなかったんだと思うよ」

「それが何なのか、聞いてもいいですか？」

「一郎くんはもう半分知ってるよ」

アコさんは手元に引き寄せたMacBookを見つめている。

黒目に反射したディスプレイの青白い光は、標識のようにそこから少しも動かない。

「もしかして、『ビジネス界のイチローになる』ですか？」

アコさんは僕を見上げて微笑んだ。そして、こう続けた。

「ビジネス界のイチローになって、自信を失ってるデルファイ・ジャパンのみんなや、日本のビジネスパーソンを勇気づける」

就活生時代に僕を面接してくれた桃太郎さん。タウンホールで意気揚々とプレゼンをする桃太郎さん。思えばその表情は、不器用でそれとは気づきづらいけれど、いつも相手を勇気づけるような微笑みをたたえていた。僕はあらためて、桃太郎さんを好きだな、と思った。

いまでは本社でもスタンダードになっている「商材フォーキャスト」が、実は桃太郎さんの考えたものだと知ったとき、僕は胸が熱くなるのを感じた。まるでニュースで大谷選手の活躍を聞いたときのように。

そして、桃太郎さんの社長就任が前任のレイさんからタウンホールで発表されたとき、思わず声をあげてしまったのは僕だけではなかった。

ビジネス界のイチローになる。日本人として世界に存在感を示す。それは桃太郎さんのルーツであり、それまでずっとやってきたことであると同時に、デルファイのみんなが桃太郎さんを支持する理由でもあった、ということか。

そして、それが「自信をなくす日本人」という社会課題と交わるところに、桃太郎さんのパーパスは輝いていたわけだ。

思えば、僕が入社したばかりのころ、デルファイで本部長まで出世すればもう「上がり」という感じだった。

誰もが社長は本社から派遣されてくるものだと思っていたし、本部長たちの関心はいかにしてそのポジションをキープするかだった。

そんななか、桃太郎さんは、自分のパーパスに従って決意したのだろう。デルファイ・ジャパン史上初の日本人社長になると。

2人がベストだと言ったこの講義は、そうして実際に桃太郎さんのキャリアを決定づけたわけだ。

きっとアコさんのキャリアも。

「アコさんのパーパス、聞いてもいいですか？」

僕がそう言うと、アコさんは少し緊張したような眼差しで僕を見た。

「私のパーパスは、自分の目の前の人が『ベストな自分』を見つけて、それを実現するのを手助けすること」

# パーパス

- 魅力的でなければパーパスの存在理由はない
- 魅力的なパーパスは「ベストの自分」と「社会課題」が交わる点にある
- 理念は達成することではなく、
  そこに向かって進み続けることに意味がある
- 一歩一歩の前進を何十年と続けるために、
  それを引っ張るパーパスには磁力が必要

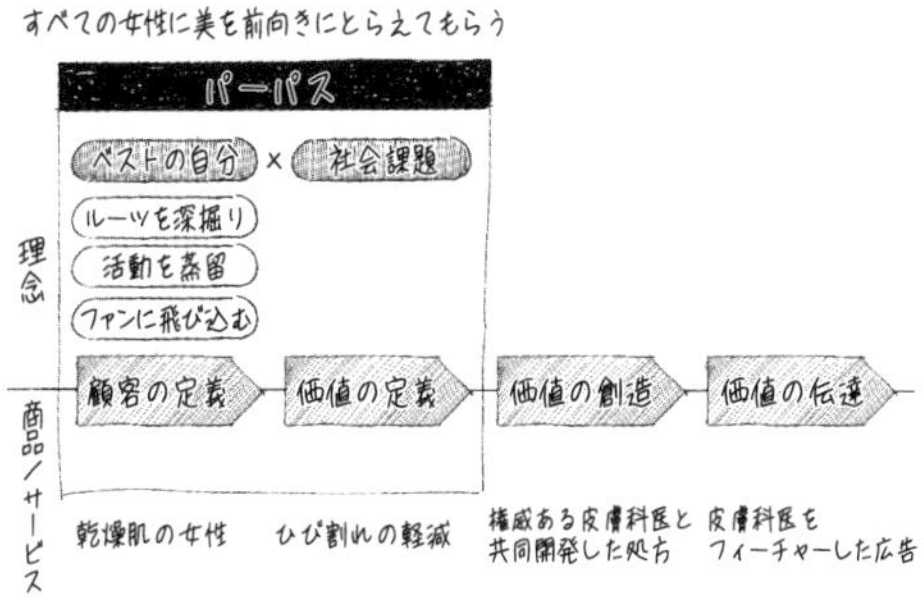

第八講

# 「心を動かす」

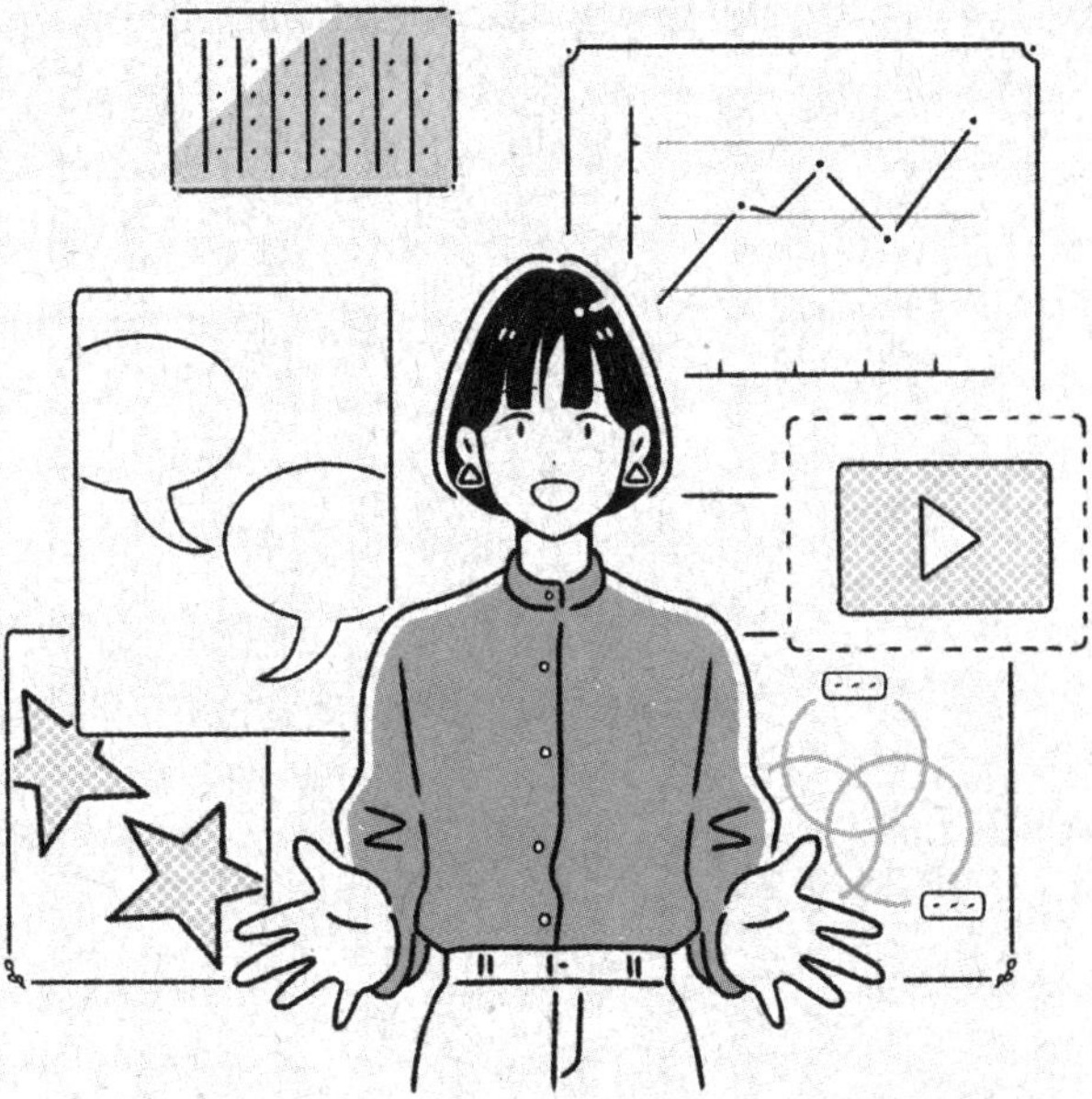

春が近づくと変な人が増える。

そう主張するのは、僕が教育係を務める同じ課の新卒2年目の女の子だった。

つい先週の日曜日も、大きなリュックを背負った大柄の男性が、独り言をつぶやきながら自分の周りをうろついていたらしい。

「夢」という名前のその後輩は、横浜の桜木町の駅前でストリート・ライブをやっているという。ストレートの黒髪に前髪をあしらった優等生のような佇まいで、音楽家ならフルートでも吹いていそうな雰囲気なのだが、ギターの弾き語りらしい。


「一郎さんもギターやってたんですよね？　今度弾きに来ませんか？」

「ストリートで弾くってこと？　いやむりむり。もう10年近く弾いてないから。そもそもどんな音楽をやってるの？」

「オリジナル曲です。高校生のころから曲をつくってます」

「オリジナル？　どんな感じの？」

「どんな感じ。うーん、じゃあ今度聴きに来てくれませんか？」


というわけで、どうにも断りきれず、土曜日の夜は桜木町に後輩のストリート・ライブを見に行くことになってしまった。

「一郎くんモテるじゃない」

「いやいや、違うんですよ！」

「わかりやすく動揺するね。夢ちゃんのこと、一郎くんも気になってるの？」

「いや、ぜんぜんですよ。向こうも僕のことを気になってるとかじゃなくて、あの人僕をボディーガードみたいなもんだと思ってるんですよ」

「ボディーガードだったらずっといっしょにいないとじゃない」


それもそうだ。

いくら僕が暇だとはいえ、この先毎週末ストリート・ライブに付き合わされてはたまったものではない。

実家まわりで急な用事ができた、などということにして、申し訳ないがやはりドタキャンすることにしよう。

ボディーガードならほかにもっとふさわしい人がいるはずだ。後輩は小動物のようで可愛らしく、社内にはファンも多いのだし。

「だいたいボディーガードを頼むのに、僕ほどふさわしくない男はいないと思います」

「そんなことないよ。頼もしいと思うよ」

「この前のスパーはビギナーズラックですし、グローブなしでストリートファイトなんて僕絶対にできないと思いますよ」

「そういうことではなくて、一郎くん、人として頼もしいと感じることあるよ」

「そんなこと言われたの生まれて初めてですよ。別れた彼女には口癖のように『頼りない』って言われ続けてましたから」

「一郎くんの元カノってデルファイの人だよね？　私知ってるかも。カラオケ部にいるよね？」

「はい、たぶんその人です。カラオケ部で桃太郎さんと近くで接してたら、そりゃ僕も頼りなく見えますよね。っていうか、後輩も桃太郎さんに頼めばいいんじゃないですかね？　ライブで一緒に歌ってくれって。ワンチャン来てくれそうですよね」

　誰かを依怙贔屓《えこひいき》したくないので部下とはゴルフにも飲みにも行かない、というのが桃太郎さんの信条だったが、歌が上手でカラオケにだけは誘うと必ず来るらしい。

　そんなわけで、桃太郎さんは社内の非公認カラオケ部の準メンバー的存在だった。

「桃太郎は目立ちたがり屋なんだけど、それでいて人前で何かを披露するのは、実はあんまり得意じゃないんだよね」

「まさか。カラオケ部の常連なんですよね？」

「カラオケ部は桃太郎が接待される側だからいいんだけど、同期でカラオケなんかに行くと、誰も知らないバラードを歌ったりして周りをしらけさせるんだよね」

「でも、桃太郎さん、タウンホールのスピーチは社員に好評ですよね。校長先生の話みたいにしらけた感じになってもいいと思うんですが、いつも僕の周りには『いい話だったな』って空気が漂ってます」

「それはトレーニングしたんだよ」

「アコさんがトレーニングしたってことですか？　そういえば、『同窓会』で再会してから、2人はどういう関係になってたんですか？」

「ＨＲＣＰって私がちょうどそのとき人事でつくった制度なんだけど、同窓会でハカセに説明したら、桃太郎が『じゃあ、アコ俺のＨＲＣＰやってくれ』って」


ＨＲＣＰとは、ＨＲキャリアパートナーの略で、うちの会社に特有の人事システムだ。

デルファイ・ジャパンのＨＲ（人事）部門は大きく3つに分かれている。給与や福利厚生などの事務を担当するＨＲサービス、部門の戦略に合わせて採用や研修のサポートをするＨＲＢＰ

HRCP（ビジネス・パートナー）、そして部門ではなく個人について個人のキャリア開発をサポートするHRCPだ。

現在HRCPは全部で5人いる。希望するデルファイ・ジャパンの社員は、自分に合いそうなHRCPを選んで、定期的な面談を入れることができる。

個人のキャリア開発は上司の仕事でもあるが、上司は短期間で替わることもよくあるし、チームの人材育成課題と個人の希望がマッチしないことも少なくない。たとえば本人は企画がやりたいのに、チームとしてはプロマネを育成したい、みたいなケースだ。

そういう場合はまずチームの人材育成課題が優先されるが、長い目で見てどう企画の経験を積んでいくべきか、フラットに見てどちらにより適性があるか、などということをHRCPはアドバイスしてくれる。

「HRCPもアコさんが考えたんですね。あれも本社に昔からあるものだと思ってました」
「あの仕組みは、まさにGLPのメンターをベースにしたんだ。だからハカセに報告しておきたかったの」
「ハカセはもともとアコさんのメンターですもんね。なるほど。それでアコさんは桃太郎さんの

ＨＲＣＰになったわけですね」

「ちなみにいまでもそうだよ。私は正式には、人事部所属で桃太郎のＨＲＣＰ。みんなアシスタントだと思ってるけど、実は名刺にはそう書いてあるしイントラにも載ってるよ」

「え、そうだったんですか⁉　まあアコさんの名刺を受け取る人なんて社内にはいないですし、アコさんの所属をイントラで調べるなんて、それこそ桃太郎さんの所属を調べるようなもんですからね。でも、アコさんも桃太郎さんも、なんでそう言わないんですか？」

「桃太郎はなんかカッコ悪いと思ってるんじゃない？　自分にキャリアのアドバイザーがついてるなんて。私は『アシスタント』のほうが実態にあってるから、そっちのほうがわかりやすくていいと思ってる感じ」

「じゃあ正式なアシスタントは、実は別にいるんですか？」

「本部長のときはいたよ。そのときはまだＨＲＣＰの仕組みも実験段階で、私は専属で桃太郎に張りついてシャドウイングしてた。仕事中ついて回ることね。それでいろいろ手伝ってるうちに、だんだんスケジュール管理なんかもするようになってて、社長になるときにそのへんもまとめて面倒見ることにしたの。桃太郎のアシスタントって本当に大変だから」

アコさんの仕事観の根底にあるのは、きっと「人を応援すること」なんだと思う。

そんなアコさんの仕事観とパーパスを具体化するのに、たしかに桃太郎さんのＨＲＣＰはこれ以上ないほどぴったりな仕事だったのかもしれない。

当時桃太郎さんは、デルファイ・ジャパン史上初の日本人社長を本気で目指していたはずだ。そのときは誰もが、本部長ですら、実現できるとは考えもしなかったこと。でもそれが実現できれば、「自分たちにもできるんだ！」と仲間をいっせいに勇気づけられること。

桃太郎さんが「ベストの自分」を実現するのを手助けすることで、デルファイ・ジャパンの仲間を勇気づけられるのなら、それはアコさんにとって何よりやりがいのある仕事だったに違いない。

ハカセの講義は、２人にそれぞれの未来を示しただけではなく、それらを２人が知らないところでこっそりと結びつけてもいたわけだ。

それぞれが編み続けていた人生の織物は、８年ぶりの３人の再会で、実は壮大なタペストリーの一部だったことがわかったということか。

「いや、なんかそれ、めっちゃ熱いですね」

「そりゃ熱いよ。まさに『火中の栗を拾いに』いったんだもん」

「いや、そういうことではなくて、なんかこうエモいです」

「その『エモい』というのは、スピーチの大事なキーワードだよ。リーダーのスピーチは『エモく』なくてはいけないんです」

「それだ。桃太郎さんのスピーチは、他の人に比べてエモいんですよ」

「当初はまったくそうじゃなかったんだよね。もともと桃太郎は『エクセルマスター』で『数字の人』だったから。エクセルでつくった図表ってわかりやすいけど、まったくエモくないよね。本部長時代までは桃太郎のスピーチもどっちかっていうとそんな感じだった」

「なるほど。HRCPのアコさんはそこが社長を目指すうえでの課題だって考えて、トレーニングしてあげたわけですね」

「でも、トレーニングは私がしたわけではないんだ」


そう言うと、アコさんはバッグからPCを取り出した。

「あの人にお願いしました。桃太郎がサボって聞いてなかったこのレクチャーを、2人で聞き直してみたの」

今日は「ホワット・トゥー・セイとハウ・トゥー・セイ」の話をしたいと思います。

誰かとコミュニケーションをしようとするとき、ただ何を伝えるか（ホワット・トゥー・セイ）？を考えるだけではなく、それをどう伝えるか（ハウ・トゥー・セイ）？にも思いをめぐらせましょう、という考え方です。

このアイデアは、一対多のコミュニケーションを考えるときに特に役に立ちます。

一対多のコミュニケーションの代表例は広告ですが、それ以外でも、たとえば校長先生が全校生徒を相手に話をする、などというのも一対多ですよね。

最近ではソーシャルメディアなどというものも出てきましたが、あれも情報を発信する、というところだけを切り取れば一対多のコミュニケーションです。

もっと身近なところで言うと、部のメンバー全員に周知メールを送る、などというのもそうです。こう考えていくと、現代では誰もが一対多のコミュニケーションの担い手である、ということがわかってくるでしょう。

## 一対多のコミュニケーションで「ストレート・トーク」は通用しない

もっとも、この考え方は、一対多のコミュニケーションでのみ力を発揮するというわけではありません。日常会話を含めた、あらゆるコミュニケーションに応用することができます。

言っていることは正しいのに、ああいう言い方をするから相手に伝わらないのだよな……見ていてそんな感じの残念な人はいませんか？

アコさん、思い当たるフシがある、という顔をしていますね。

これはまさに、話し手が何を伝えるか（ホワット・トゥー・セイ）にだけ気を配っていて、どう伝えるか（ハウ・トゥー・セイ）には無頓着なときに起こる問題です。

ただ、日常会話と一対多のコミュニケーションとでは、ハウ・トゥー・セイに求められる配慮の複雑さが違います。一対多のコミュニケーションでは、ハウ・トゥー・セイの何が問題になるのか？が、日常会話と比べるとだいぶ複雑なのです。

日常会話でハウ・トゥー・セイが問題になるのは、おおかた相手に対する基本的なリスペクトを欠く、というケースでしょう。

こんなの経理の仕事ですよね？　みたいなやつですね。自分の仕事を「こんなの」呼ばわりされて、気分を悪くしない人はいないでしょう。

一方、大勢の人を相手にする一対多のコミュニケーションでは、こんな感じで衝動的に失礼な物言いをしてしまう、などということは基本的にはありません。時間をかけてチームで検討を進めていくなかで、そういうことがあればどこかで誰かが止めてくれますから。

一対多のコミュニケーションで問題になるのは、それより相手に言いたいことが伝わらなかったり、意味は伝わっても相手がいまひとつ腹落ちしないハウ・トゥー・セイです。

たとえば、社員に向けた新規事業企画コンテストの事務局が、応募をうながす目的で周知メールを出すとします。これもれっきとした一対多のコミュニケーションです。

ホワット・トゥー・セイを整理したら、こんな感じになったとします。

このコンテストは社長の肝いりである。会社の未来がかかっており、社員全員が当事者だと社長は考えている。優勝者には賞金が授与され、その上通った企画を自分で推進することができる。いい機会なのでぜひふるって応募してほしい。

このホワット・トゥー・セイをそのままツラツラと書き連ねて、メールで発信したとしましょう。ちなみに、このようにホワット・トゥー・セイをそのままストレートに伝える、というのもある意味ハウ・トゥー・セイの一手段で、広告業界では「ストレート・トーク」などと呼ばれます。

この場合、このストレート・トークにはどれくらい効果があると思いますか？　社員全員が当事者だ、というメールを見て、デルファイ社員の何%が実際に当事者意識を持ってくれるでしょうか。

マス・コミュニケーションの専門家である私に言わせると、せいぜい一桁%の前半くらいでしょう。

世の中の人は、直接顔の見えない誰かが発信するメッセージには基本的に無関心なのです。

それゆえ多くの場合、一対多のコミュニケーションにおいては、こういう「ストレート・トーク」は通用しません。伝えたいことを伝える前に、まず「無関心」を「関心」に切り替え、心を開いてもらうためのスイッチを押す必要があるのです。

そして、そのスイッチの役割を担うのがハウ・トゥー・セイなのです。

## 現代人は誰もがコピーライター

では、社員全員に当事者意識を持ってもらい、賞金や通った事業を自分が担当できることに魅力を感じてもらうためには、事務局はどういう伝え方をすればいいのでしょうか？

アコさん、桃太郎さん、少し考えてみてください。

もっとも、ここには何が正解、というのはありません。

たとえば社長のレイさんからの直々のメールという形にして、書き出しも「みなさん」ではなく全員の名前を「内田さん」「川上さん」などと自動挿入で出し分ける、みたいな伝え方があるかもしれません。

会社の視点に立ってこのままではダメだ！とただ危機感を煽《あお》るのではなく、社員個人の視点に立って、まず日々のハードワークへのねぎらいを示したうえで、その頑張りを今回は直接私に届けてほしい、などと呼びかけるのも1つの表現方法です。

周知メールひとつとっても、そしてセンスのない私でも、これくらいはクリエイティブになれるのです。

いや、これくらいはクリエイティブにならなくてはいけない、のです。

ソーシャルメディアで情報発信をしていなくても、人前で話すことはあまりなくても、このように大勢の人に周知メールを送ることなら、オフィスワークをしていればほとんど誰にでもありますよね。

そう考えると、現代人はある意味誰もが「広告」の担い手なのです。誰もがコピーライターであり、CMプランナーなのです。

## 多くの「心を動かす」のは練り上げられたハウ・トゥー・セイ

もっとも、ハウ・トゥー・セイがモノを言うというのは、何もいまに始まったことではありません。人類の歴史を通してずっとそうでした。
あのとき歴史を動かしたのは偉人たちのハウ・トゥー・セイだった……そんな出来事は歴史上数えあげればキリがありません。

たとえば、キング牧師の有名な「私には夢がある」演説です。
この演説は、リンカーンの奴隷解放宣言から100年が経ったことを記念した集会でお目見えしました。

この演説のホワット・トゥー・セイは次のようにまとめられるでしょう。

100年前の奴隷解放宣言が、「すべての人は平等につくられている」というアメリカ建国の理念に人々を立ち返らせ、奴隷制は廃止された。
しかし、黒人に対する偏見や差別までが禁止されたわけではない。
だからいまこのタイミングで、建国の理念をみんなでもう一度思い出し、しっかりと法律をつくって、黒人に対する偏見や差別を根絶やしにしていかなくてはならない。

このホワット・トゥー・セイはロジカルで説得力があります。演説のシーンもよく踏まえられています。

しかし、キング牧師がこれをそのまま「ストレート・トーク」で伝えていたら、あの演説が歴史の1ページに残ることはなかったでしょう。

ただロジカルでシーンを踏まえているだけでは、何人かの人に理解はされても、多くの人の興味を惹き、心を動かすメッセージにはならないからです。

キング牧師はこのホワット・トゥー・セイを、味気のない政治主張としてではなく、「自分の夢」として語りました。ハウ・トゥー・セイに工夫を凝らしたのです。

自分の4人の子どもたちや黒人の仲間たちが、肌の色ではなく人柄や能力で評価され、白人と手を取り合って暮らせるアメリカ。牧師はそんな夢の世界の到来を、歌うように声を震わせながら描いてみせました。

そんなキング牧師のハウ・トゥー・セイはその場に集まった人々の心を動かし、それが国中に広がって最終的には大統領の心をも動かしました。ときのケネディ大統領、そしてその跡を継いだジョンソン大統領は、黒人差別を公に禁止する公民権法をその翌年に成立させたのです。

## 「特徴」「優位性」「便益」「価値」から話の切り口を選ぶ

さて、ここまでは主に考え方や心がけの話でしたが、ここからは少しテクニックの話をしましょう。

ハウ・トゥー・セイとは「どう伝えるか？」ということでしたが、そこにはホワット・トゥー・セイをどの切り口で切り取るか？という視点も含まれています。

「切り口」とはどういうことでしょうか？　たとえば車の広告で、同じ「低燃費」を訴求するにしても、低燃費だから環境に優しい、というのと、低燃費だからお財布に優しい、というのはそれぞれ違う切り口ですよね。

こうした切り口を考えるときに、候補を抜け漏れなく洗い出すのに便利なのが「ＦＡＢＶ（ファブ）アプローチ」です。

ＦＡＢＶとは、特徴（フィーチャー）、優位性（アドバンテージ）、便益（ベネフィット）、価値（バリュー）の頭文字を取った造語です。

「特徴」は具体的なスペックと、それを裏で支える技術や独自の工夫を伝える切り口です。独自のハイブリッド技術と新開発のエンジンでリッター35キロを超える低燃費を達成、などという謳い文句は「特徴訴求」をしているということになります。

「優位性」は、その商品がいかに競合商品より勝っているか、を伝える切り口です。クラスで最高の低燃費（〇〇調べ）、などという表現はまさに「優位性訴求」です。

「便益」とは、顧客が具体的にどんな得をするか？ということです。「特徴」や「優位性」は商品が主語でしたが、この「便益」の主語は顧客です。

車のセールスポイントとしての低燃費には、顧客視点ではどんなメリットがあるのか？という と、主には通勤代や生活費を節約できる、ということでしょう。

顧客が本当に嬉しいポイントは、さらには浮いたお金で旅行やコンサートに行ける、ということなのかもしれません。

こうした顧客視点の「いいこと」を掘り下げて、訴えていくのが「便益訴求」です。

「価値」とは「お値打ち感」のことだととらえる人もいますが、私はもう1つ別の意味をここに持たせて考えています。

顧客のどんな「価値観」に寄り添うことができるのか？ということです。

燃費がよければ、それだけ環境への負荷も少ない車だと言えます。この車を選ぶことで地球の未来をよりよくすることができる、などという訴求は、「価値観」の切り口で燃費を見ていることになります。

## 「顧客」「競合」「自社」の視点で移り変わる市場環境を分析し、切り口を決める

こうした切り口のどれがもっとも有効か？　は文字どおりケース・バイ・ケースです。特徴訴求でスペックを語るのに、「燃費」ならリッター35キロ、などと言えばその凄さが伝わるかもしれません。

しかし「小回り」を語るのに最小回転半径4・4メートル、などと表現しても、よほどの車好きでもなければ、それがどれだけすごいことなのかあまりピンとこないでしょう。

こういう場合は、狭い都内の駐車場でも駐車をするのが楽しくなります、などと小回りの具体的な「便益」を語るのがよいかもしれません。

小回りが利く車は行動を制限しない＝これは自由を求める人のための車である、と「価値・価値観」を語るのも1つの手です。

「小回り」がすでに話題の中心になっており、多くの人が小回りを重要な要素だと考えている場合は、クラスナンバーワンの小回り、などと「優位性」を語るのも有効です。

この状況がさらに進んで、多くの人が車の最小回転半径を気にするようになれば、最初の「特徴」訴求も一周回って有力な選択肢になってくるでしょう。

このように、訴求の切り口は顧客（カスタマー）、競合（コンペティター）、自社（カンパニー）のそれぞれを細かく観察し、常に移ろいゆく市場環境をうまくとらえながら設定していく必要があるのです。

いずれもCで始まるので「3C」と覚えておくといいでしょう。

これまでの話をホワイトボードにまとめると、こんな感じです。

同じ「低燃費」というメッセージを伝えるにも、その伝え方には、ちょうどいま見た「切り口」をはじめとして、どの「媒体」で伝えるか？ どんな「トーン・

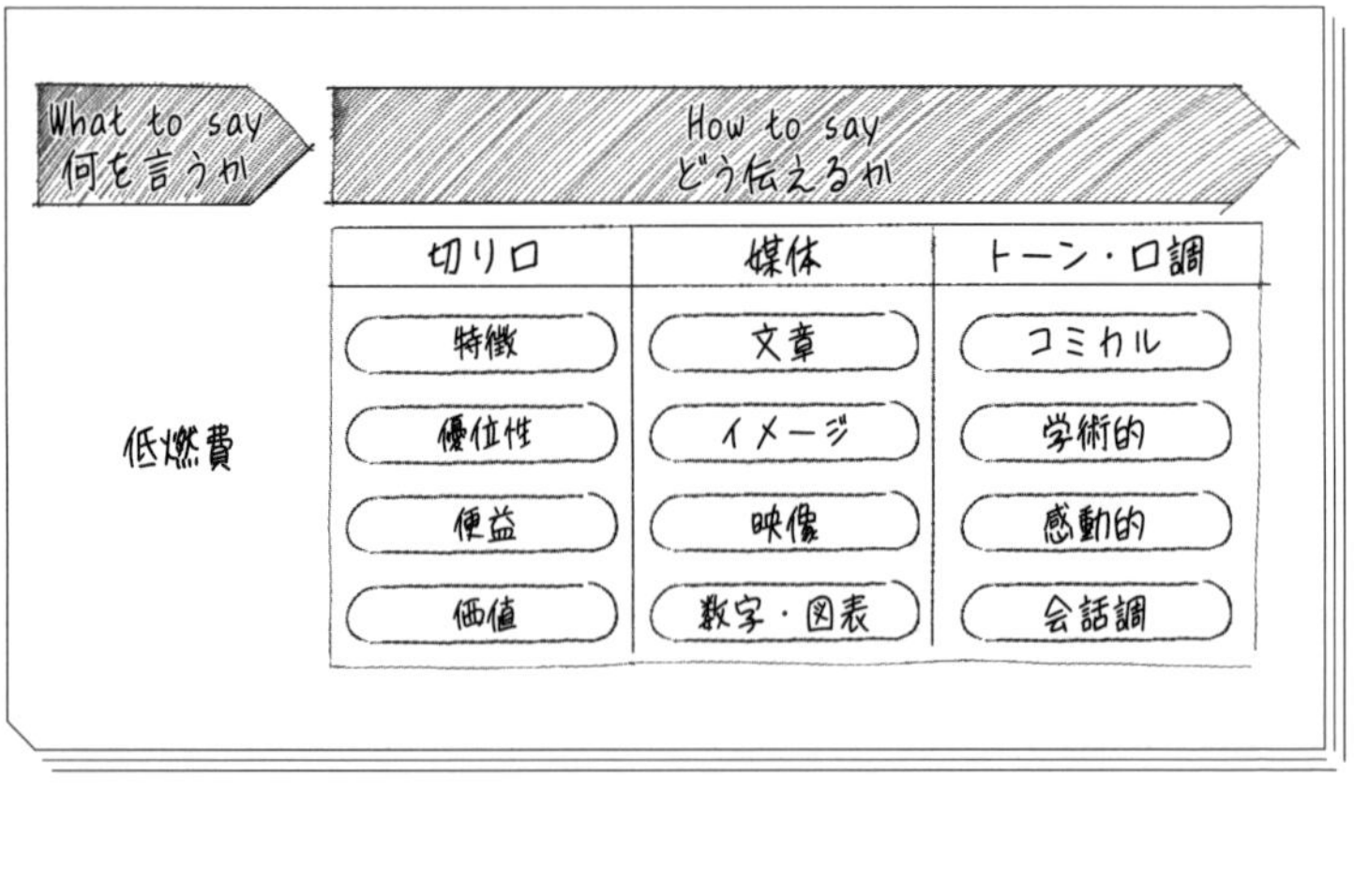

口調」で伝えるか?など無数の変数があるわけです。

「媒体」や「トーン・口調」は、ホワイトボードに書いたこの4つしかない、というわけではありません。

また、「文章」と「イメージ(画像)」を組み合わせた媒体を使うなど、それぞれの要素を2つ以上組み合わせて伝え方を組み立てていくこともよくあります。すると、その組み合わせはほぼ無限です。

この無限に近い組み合わせのなかから、時と場合、何より相手に応じて伝え方を変えていく。それがハウ・トゥー・セイの技術だということになります。

これは一朝一夕に身につくものではありません。

まずは意識してみて、実際に試してみて、受け手の反応を分析し、反省を次回に活かす。この繰り返しで自分のものにしていく他はないのです。

ちなみに社長のレイさんなんかは、ああ見えてこのあたりをすごく戦略的に考えていると思います。

タウンホールでのレイさんのスピーチを、今日学んだポイントを頭に入れて分析してみると勉強になるでしょう。

さて、今日はこんなところにしておきましょうか。


「本部長も毎期のキックオフとかでスピーチをしますけど、なんか桃太郎さんのスピーチとは違うんですよね。その理由がよくわかった気がします」

「みんなあまりハウ・トゥー・セイに気を配ってないんだよね」

「これまでプレゼンのダメ出しは100回くらいはされてると思いますけど、『ハウ・トゥー・セイに気を配れ』なんて言われたことは一度もないです。だから、みんなその大切さに気づいてすらいないんだと思います」

「心を動かすハウ・トゥー・セイは、実際は何より大切なんだけどね。キング牧師もそうだけど、リンカーンにせよ、ケネディにせよ、偉大なリーダーって呼ばれてる人はみんな心を動かすスピーチの名手で、アメリカの人は彼らの有名なスピーチを全文覚えてたりするよ」

「実際に、そのあたりは社長候補を評価する項目になってたんですか?」

「レイは各本部のキックオフにはかならず顔を出してたでしょ?」

「たしかにレイさんいつも通訳さん連れていましたね。だから、プレゼンは日本語でも資料は英語、っていう決まりが当時はありました」

「レイは各本部の戦略とか計画とかもそうだけど、本部長のスピーチもよく見てたんだと思うよ。聞いてる人の反応とかも見ながら、リーダーとしてのスピーチ力をチェックしてた」

レイ・ラクストンさんは、僕が入社した当時のデルファイ・ジャパンの社長だ。

僕ら末端の社員から見ると冗談好きの気のいいおじさん、というイメージだったが、実はハーバードのロースクールを出た弁護士で、従軍経験もあるすごい人のようだった。スキンヘッドがトレードマークの巨漢で、キックオフに潜入しているときはどこにいてもすぐに見つけることができた。

レイさんによると、１９９０年代のアメリカでは、日本で社長をやるにはグレー・ヘアー（白髪）じゃないとダメだ、という話がまことしやかに信じられていたらしい。

偶然なのか本当にそれを意識してなのか、デルファイ・ジャパンの歴代アメリカ人社長は全員グレー・ヘアーだったが、若いＩＴ業界でグレー・ヘアーのベテラン選手を見つけるのは簡単ではない。

ついにグレー・ヘアーのストックを切らした本社が、妥協策として選んだのがノー・ヘアーのレイさんだった、ということだ。

こんな冗談話を、英語が苦手な僕でさえ何個も思い出せるほど、レイさんのスピーチは心に残るものが多かった。


「レイは本当にいいリーダーだったよね」

「僕なんか末端で英語もしゃべれないのに、レイさんの話は結構覚えてますもんね」

「でも、私たちの社長も、そんなレイが認めたんだからいいリーダーなんだよ」

「桃太郎さんの社長人事は、やっぱりレイさんが決めたんですね」

「レイと当時の人事部長と、本社で話し合って決めたんだと思うよ。でも人事部長は柳さん推しって噂だったから、最後はレイが決めたのかもね」


そうか、最後のライバルは柳さんだったのか。

かつて自分を干した上司の柳さんを、桃太郎さんはここでついに逆転したわけだ。

元上司でもあり悪い人ではないと知ってはいるものの、前回の話を聞いてから、僕は柳さんをなんとなく敵視してしまっていた。僕の頭の中では、桃太郎さんと柳さんの冷戦状態はまだ続いていたのだ。


桃太郎さんも、結局は取り立ててもらった柳さんに恨みを持っていたわけではないと思うが、かつてのギクシャクした上司部下がライバルになった気まずさは、そう簡単には拭い去れないものだったに違いない。

「でも柳さんっていま普通に営戦本部長やってますよね。冷戦がそんな結末になったのに、柳さんは桃太郎さんに干されたりしなかったんですか？」

「そこはレイの置き土産だと思うよ。桃太郎とレイとの食事には大体いつも私が入ってたんだけど、レイの去り際に2人だけで『鳥しん』に行ったことがあったんだ。そこで桃太郎はレイからリンカーンの伝記を渡されたんだって。私もその後借りて読んでみたんだけど」

「アメリカの政治ドラマとかには、よくリンカーンがでてきますよね」

「無名の田舎弁護士から一気に大統領になった『アメリカン・ドリーム』の人だからね」

「それで人気なんですね」

「でももっとすごいのは、そうやって大出世した後で、無名時代に自分をバカにしてたライバルたちを、『恨みっこなし』で重要なポストにつけていったことなんだよね」

営業戦略本部長の柳さんは、社長の桃太郎さんにとってはまさに右腕のような存在だ。

柳さんが営業戦略本部長の座にいないデルファイ・ジャパンは、何なら桃太郎さんが社長の座にいないデルファイ・ジャパンと同じくらい想像できない。

そんな柳さんはかつて桃太郎さんの上司で、社長の座を争うライバルでもあったわけだ。

そんな柳さんを、頭を下げて三顧の礼で迎えろ、というのは難しい相談だったことだろう。そう直接的にアドバイスされても、桃太郎さんは聞く耳を持たなかったかもしれない。


そこでレイさんは桃太郎さんを初めてのサシ飲みに誘い、柳さんのことには表立っては何も触れず、ただ最後にリンカーンの伝記をそっと差し出したのだ。

これもレイさんの、計算され尽くしたハウ・トゥー・セイだったに違いない。


「ハウ・トゥー・セイって大事ですね。週末のストリートライブ、やっぱり行かないほうがいいかなって思ってるんですが、ハウ・トゥー・セイを工夫してうまいこと断ってみます。偉人たちと比べると小さな悩みすぎて泣けてきますが」

「夢ちゃんにしたら小さなことじゃないよ。ダメだよ、絶対行かなきゃ。一度行くって言ったんだから。そういうの夢ちゃんは下手したら一生忘れないよ」

「……はい」


ことこの件に関しては、アコさんの「ストレート・トーク」は充分に機能したようだった。

# 心を動かす

- 一対多のコミュニケーションで「ストレート・トーク」は通用しない
- 現代人は誰もがコピーライター
- 多くの人の「心を動かす」のは練り上げられたハウ・トゥー・セイ
- 「特徴」「優位性」「便益」「価値」から話の切り口を選ぶ
- 「顧客」「競合」「自社」の視点で
  移り変わる市場環境を分析し、切り口を決める

## 《ホワット・トゥー・セイとハウ・トゥー・セイ》

| What to say<br>何を言うか | How to say<br>どう伝えるか | | |
|---|---|---|---|
| | 切り口 | 媒体 | トーン・口調 |
| | 特徴 | 文章 | コミカル |
| 低燃費 | 優位性 | イメージ | 学術的 |
| | 便益 | 映像 | 感動的 |
| | 価値 | 数字・図表 | 会話調 |

最終講

# 「必要とされる」

そのＬＩＮＥが来たのは日曜日の夜のことだった。

前日は後輩のストリート・ライブに付き合い、その後桜木町近くの歓楽街「野毛」で始発まで飲み歩いていたので、その日は夕方までベッドから出ることすらなかった。

なんでそんなに深酒をしたのかというと、ライブには後輩の同期も何人か来ており、後輩たちと同じ年頃の常連客も連れ立って、みんなで飲みに行こうということになったのだ。

その後、集団は近くの昭和レトロなカラオケ屋に流れ込み、学生時代を思い出すようなどんちゃん騒ぎが始まった。

カラオケが終わると、常連客の女の子はタクシーで帰っていったが、デルファイ組は全員家も遠かったので結局朝まで飲み歩くことになったのだった。

目が覚めたときには、ＬＩＮＥの通知が何件か来ていることに気づいていた。

後輩からのお礼だったり、昨日ＬＩＮＥを交換したメンバーからの挨拶だったりだろうと高をくくって、そのときはＬＩＮＥを開かずにそのまま放っておいた。

それより極度にお腹が空いていたので、奮発してUber Eatsを立ち上げ、桃太郎さんが以前インスタライブで食べていたタコスとナチョスを注文してみた。

桃太郎さんのインスタライブには固定ファンも多く、コメント欄はいつもセレブリティーさながらに賑わっている。

自宅に完備した筋トレセットを背景に、桃太郎さんが「最近のベストバイ」を紹介するというコンセプトで、先週は花瓶のような容器に入った「プレミアム・テキーラ」を紹介していた。

タコスをあてにストレートで飲むのがいい、ということだったが、メキシコの話をしているのにBGMがジャマイカのレゲエ調なのはご愛嬌だった。

何となく桃太郎さんのインスタをチェックしたくなってスマホを手にとると、その前に未読の通知に目を通しておこうとLINEを開いた。

すると、そこにはアコさんからの未読のトークがあった。


夢ちゃんのライブ、ちゃんといきましたか?

ハカセの講義、共有フォルダーに入れておいたので、ここで全部いつでも見てね。

他の通知をチェックして、いったんＬＩＮＥを閉じた後も、心のモヤモヤは晴れなかった。

これはどういう意味なのだろうか？

今後ハカセの講義は、アコさんがとまり木で１つひとつ解説していくのではなく、僕が家で自由に聞く方式に切り替えよう、という提案なのだろうか。

たしかに、アコさんが毎回１対１で解説してくれる、といういまのやり方が、今後いつまでも続くとは思っていなかった。

しかし、こうして突然「終了通知」を受け取ってみると、僕はその事実に思いのほか動揺していることに気づいた。

気づかないうちに、何かアコさんの機嫌を損ねるようなことをしてしまったのだろうか。

あるいは、もう私なしでも大丈夫、と太鼓判を押してくれたということなのだろうか。

もっとも、アコさんが実際に今後は１人で聞いてね、という意味でデータを共有したのかどうかは、まだ定かではない。

シンプルに共有し忘れていたので、ということなのかもしれない。

真意は直接聞いてみるほかないのだが、それをＬＩＮＥでどう切り出せばいいのだろうか。

今後は僕が家で1人で聞くということですかね？などと聞いたら、「うん、それでもいいよ」的な返事が返ってきそうな気がする。問題はその先をどうするかだ。

万一機嫌を損ねてしまっているとしたら、まずは潔く謝るのが吉だと思うが、何が原因なのかを本人に直接確認するのは無神経な気がする。

一方、もう私がいなくても大丈夫、と太鼓判を押してくれているのだとして、僕はこの先本当にアコさんの手ほどきなしで、1人でハカセの講義を消化していけるのだろうか？

それこそ、1人で考えていてもなかなか答えは出そうになかった。かといって、相談できる相手もいない。

僕とアコさんのことをよく知っていて、日曜のこんな時間に暇を持て余している人、なんているわけが……あった。

佐々木さんだ。

ちょうどそのタイミングで届いたタコスを、明日の朝食用にと冷蔵庫に放り込んで、僕は一応襟つきのシャツを着こみ「とまり木」に歩いて向かった。

「そういえば前から聞きたかったんですけど、アコさんっていま彼氏いるんですかね?」

「いないっすね、はい」

「え、いない? それはたしかですか?」

「たしかですね、はい。確認したんで」

「え、どうやって確認したんですか? そして、何で?」

「自分、アコさんに3回告白して3回振られてるんですよね。最後が去年の末だったんですが、そのときに彼氏はいないって言ってました」

「桃太郎さんとはいまは付き合っていない、ってことですかね?」

「モモさんとは、1回別れてからは、一度も復活したりはしてないと思いますね、はい」


少し頭を整理する時間が欲しかったので雑談を仕向けてみたのはいいのだが、予想の10倍は濃い情報が流れ込んできたため、僕の頭は逆にショート寸前になってしまった。

また鳩が豆鉄砲を食ったような顔をしているな、と思ったのか、佐々木さんが、豆ならぬナッツをナポリタンの皿の横に差し出してくれた。

ナポリタンはすでにサーブされていたのだが、手をつけるのをすっかり忘れていた。僕は慌ててナプキンに包まれたフォークを取り出すと、佐々木さんに「オペレーター」のおかわりを注文した。アコさんがたまに注文している、白ワインを炭酸で割ったカクテルだ。

「一郎さんとしては、引き続き水曜日にここでアコさんとハカセの講義を聴きたい、ってことなんですよね？」

空腹を満たし落ち着いて考えてみると、頭の中はようやく大分整理されてきた。

やはり、僕にはまだアコさんの手助けが必要だ。アコさんがどう考えていようと、その思いだけはまずしっかりと伝えておきたいと思った。

「そうですね。素直にそう伝えてみます。機嫌損ねたっていうのはなさそうですし、水曜日の時間を終わりにしよう、っていうのが誤解だったらそれはそれですし」

「要はアコさんに今後もキャリアのサポートをしてほしい、ってことですかね」

「そういうことになりますね」

「だったら、アコさんにＨＲＣＰになってもらえばいいんじゃないですか？」

僕はそのアドバイスに、今度こそ正真正銘の「鳩が豆鉄砲を食ったような顔」をした。

そうだ、アコさんは、正式には人事所属のＨＲＣＰなのだ。

現在アコさんが面倒を見ているのは桃太郎さんだけだが、それはみんながアコさんをＨＲＣＰだと認識していないからにすぎない。

デルファイ・ジャパンでは、自分に合ったＨＲＣＰに、誰もが自由に面談をお願いしていいことになっている。僕がアコさんにＨＲＣＰの打診をしても、何ひとつおかしいことはない。

「たしかに……そうしてみます」

僕はしばらく考えごとをしているふりをし、何か調べものをするという体でスマホを取り出してアコさんに返事を打った。

後輩のライブ、ちゃんと行きました！　録音データの共有、ありがとうございます。ところで、別件の相談なのですが、アコさんに僕のＨＲＣＰになっていただくことって可能なのでしょうか？

しかし、送信ボタンを押す段になって、何かが心に強く引っかかるのを感じた。

ほとんどジュースのような「オペレーター」２杯とはいえ、いま僕はお酒が入った状態だ。夜に書いたラブレターではないが、いまみたいに変なテンションで急いで綴った文章は、焦って送ってしまうと後で取り返しのつかないことになることもよくある。

ここは少し時間をあけて冷静になり、かつ酔いを醒ます必要があるだろう。

それなら、スマホでハカセの講義を１つ聞いてみよう。

僕はアコさんにあてて入力したメッセージを、送信せずに残したままＬＩＮＥを閉じ、佐々木さんにお願いしてケーブを貸してもらうことにした。

アコさんが次に僕に聞かせる予定だったのか、星印がついたフォルダーがあったので、そこを開いてまずはノートの画像をスマホに保存した。

そして音声ファイルをクリックすると、いつもの声が、いつもよりガランとしたケーブに鳴り響いた。

今日は「ニーズ」の話をしたいと思います。

よく「ニーズがある」なんて言いますが、あれはどういう意味だと思いますか？

欲しがる人がいる。アコさん、そうですね。シンプルに言えばそういうことです。

でも、「欲しい」を英語にするとウォントですね。ウォントとニードの違いは何だと思いますか？

ニードは必要とする。そうですね。

では必要とする人がいる、と欲しがる人がいる、というのはどう違うのでしょうか？

なんだか禅問答のようですが、こういう細かい言葉の定義は、マーケティングではとても大事なのです。なぜなら、マーケティングというのは概念を扱うチーム戦だからです。

言ってみれば、それぞれの頭のなかでみんなが一手ずつ分担しながら将棋をしているようなものなのですが、このマスを５四と呼びましょう、みたいな共通認識がないと連携プレーが成り立ちません。

そういう共通認識は自分自身のためにも大事です。飛車を２四から２八に動かした、などとしっかり棋譜に書いておかないと、自分がさっき何をして、その結果いまどこにいるのかもわからなくなってしまいます。

マーケティングにおける言葉の定義とは、そのような共通認識をつくるための大事な地ならしなのです。

## ニーズ（根っこにある欲求）→ウォンツ（一般名詞）→デマンド（固有名詞）

そんなわけで、マーケティングでは、何かに対する欲求を「ニーズ」と「ウォンツ」、そして「デマンド」の3つに分けて考えて、それぞれを細かく定義しています。

「ニーズ」は、人が生きていくために「必要な」ものを求める、人間の根っこにある欲求です。人が生きていくためには、食べ物や飲み物、洋服や安全な住み家が欠かせませんよね。これらに対する欲求は「生理的ニーズ」と呼ばれます。

また、仲間やパートナーがいること、周りから認められること、自分の成長を実感できることなどに対する欲求は、これに対して「心理的ニーズ」と呼ばれます。

こうした「心理的ニーズ」が何一つ満たされない状況を想像してみてください。心を病んでしまいそうですよね。だからこうした要素も、長い目で見れば、「生きていくために欠かせない」ニーズの対象であるとマーケティングでは考えます。

これらのニーズが、一般名詞として具体化されたものが「ウォンツ」の対象となります。たとえば「ビジネスホテル」には、「出張先での安全な居住スペース」へのニーズが具体化されています。「高級スーツ」や「高級車」には、自分の社会的地位を認めてほしい、というニーズが具体化されていると考えられるでしょう。

このように一般名詞化されたニーズに対する欲求を「ウォンツ」と呼びます。

そして、ウォンツが商品として固有名詞化され、実際に買える状態になったものが「デマンド」の対象です。たとえば「高級車」という一般名詞が、「ベンツCクラス」などという具体的な商品になった状態ですね。

このように固有名詞化されたニーズに対する欲求を「デマンド」と呼びます。

これまでの議論をホワイトボードにまとめるとこんな感じです。

顧客の「意識」に注目すると、「欲しい」と思えて、かつ「買える」と思えるものがデマンドの対象となります。

完全個室でシャワーまでついた超豪華な飛行機のファーストクラスに、乗りたくない、という人はまずいないと思います。

でも、実際に買うかもしれないという前提で欲しい、と考える人はそれほど多くないでしょう。

商品に対するニーズを探る、などと言うとき、多くの場合本当に知りたいのは、実際に買うかもしれないという前提で欲しがる人がどれくらいいるか?ということではないでしょうか。

このとき、みんなが欲しいと言っている＝ウォンツがあるからといって、実際に買う前提で検討する人が多い＝デマンドがある、とはかぎらないことに注意が必要です。

このあたりをしっかり区別しながら議論を進めていかないと、開発側の調査で「ニーズがある」

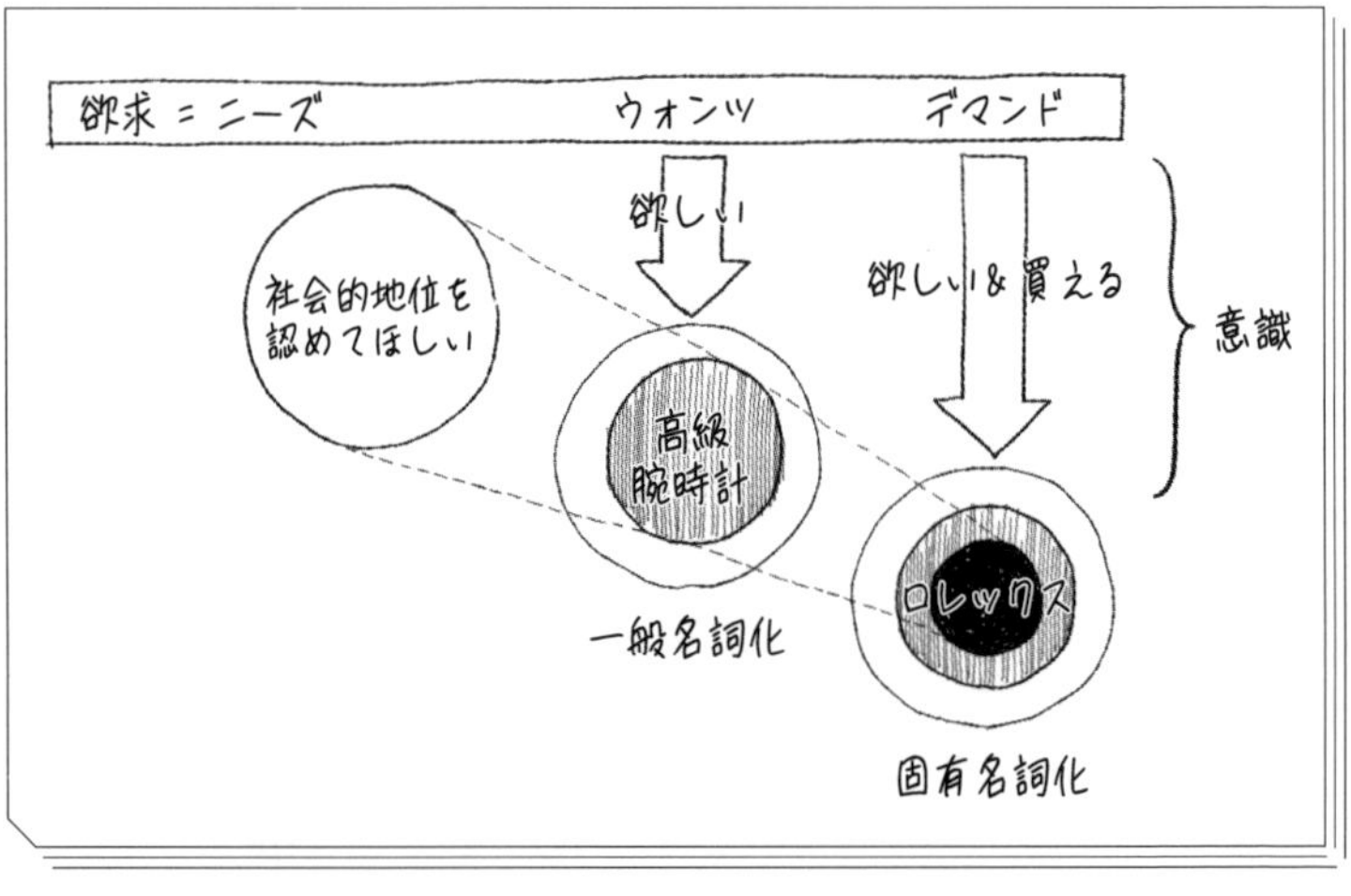

とわかって進めていたプロジェクトに、営業側からそんな商品には「ニーズがない」と横槍が入る、などということが起こってしまいます。

この場合、開発は同じ欲求でも「ウォンツ」の話をしており、営業は「デマンド」の話をしていて、両者ともそれを「ニーズ」と呼んでいることになります。

## ウォンツとデマンドが溢れる現代社会では、ニーズはなかなか顧みられない

まずしっかりと言葉の定義を確認し、共通認識を整理して、このようなカオスを解消したとしましょう。

でも、それだけですべての問題が解決されるわけではありません。

むしろ、その段階になってようやく本当の問題がスタートするのです。顧客の「ニーズ」を発見し、それを「ウォンツ」や「デマンド」の対象として正しく形にしていく、という難しい問題が。

出発地点であるニーズの把握はとくに大変です。なぜなら、それは多くの場合、顧客に直接聞

いてもわからないからです。

現代人が、デマンドやウォンツの根っこにあるニーズをはっきりと意識することはほとんどありません。

「生きるために何かを食べたい」「社会的な地位を誇示したい」などと、常日頃からニーズのレベルの欲求を意識して生きている人はそういないということです。

これはなぜかと言うと、より具体的なデマンドやウォンツの対象同士の比較に、私たちの脳のパワーがほとんど持っていかれてしまうからです。

今度のボーナスで買うのはスーツがいいかな？　ゲーム機がいいかな？　ゲーム機ならプレステがいいかな？　Xｂｏｘがいいかな？　そんなふうに迷っていると、そもそもなぜ自分はスーツやゲーム機を必要としているのか？という根っこの問題には光が当たりにくくなりますよね。

このように、デマンドやウォンツレベルの欲求が身の回りにあふれているからこそ、根っこにあるニーズが意識されづらいのが現代社会なのです。

食料がマンモスの肉しかなければ、生きるために何か食べる物が欲しい、というニーズは比較的はっきりと意識されるはずですからね。

そしてこのような状況は、顧客にとってのみならず、企業にとっても根っこにある「ニーズ」に光が当たりづらい状況をつくり出しています。

根っこにあるニーズを深く考えずに商品を開発したとしても、それなりに商品が売れる、という状況ができてしまっているからです。

今日大半の企業は、すでにあるウォンツから新しいデマンドを生み出すことを目指しています。「ノートパソコンが欲しい」というウォンツに対して新型のラップトップを開発したり、「高級ホテルに泊まりたい」というウォンツに対して新しいラグジュアリーホテルを開発したり、といった具合です。

**ウォンツをニーズのレベルまで掘り下げて、そこから逆立ちで新しいウォンツを生み出す**

一方で、この状況を逆手に取り、根っこにあるニーズを深掘りして新しいウォンツの対象を生み出すことができた企業は、より大きな利益を得ることができます。

新しく生み出されたウォンツの対象、つまり新しいジャンルには競合がいないからです。

しばらくして誰かが参入してきたとしても、当面は競合が少ない有利な状況を続けることができます。

また、前に話した「リーダーシップの法則」が働いて、その新しいウォンツの対象に対する「パーセプション」を独り占めできるので、半永久的にシェア1位をキープすることができる、という大きなボーナスもついてきます。

たとえばアキレスの「瞬足」は、「小学生のおしゃれな外履き靴」というウォンツの対象を一度ニーズのレベルまで掘り下げ、そこから逆立ちして「速く走れる運動靴」という新しいウォンツの対象を生み出したことで大ヒットした商品です。

学校指定の上履きに対して、自分で選べる「外履き靴」は、当時小学生のおしゃれアイテムの1つでした。

その根っこにあるニーズを深掘りしてみると、その本質は友達から一目置かれたい、という芽生えてまもない「承認欲求」であることが見えてきます。

そんな可愛らしい承認欲求は当時、デザイン性の高い「おしゃれな外履き靴」としてウォンツの対象に、さらにはナイキやニューバランスの商品としてデマンドの対象になっていました。

でも、よくよく考えてみると、小学校で誰より注目されるのは「おしゃれな子」ではないですよね。「勉強ができる子」でもない。とにかく「足が速い子」なのですね。

アキレスはここに注目して、「一目置かれたい」というニーズを、「速く走れる運動靴」というウォンツの対象で具体化し直しました。

そんなウォンツの対象を商品化した「瞬足」は新しいデマンドを生み出し、小学生向けの外履き靴としては空前の大ヒット商品となったわけです。

この「速く走れる運動靴」というカテゴリーには、その後いくつかのブランドが参入してきました。

しかし、最初にこのウォンツの対象を生み出した「瞬足」が「パーセプション」をほぼ独占しているので、1番人気の地位が揺らぐことは当面なさそうです。

需要＝デマンドをつくるのがマーケティングだ、という人がいますが、これはなかなかに的を射た表現です。

もう少し正確に言うと、ニーズからウォンツをつくり出し、そこからさらにデマンドをつくり出す、ということになります。「瞬足」はまさにそれをやってのけたわけですよね。

このとき注意してほしいポイントは、本来欲しくもないものを欲しい気にさせる、つまりそもそものニーズをつくるのではない、ということです。

マーケティングを悪く言う人は、よくそう言って目の敵にしますよね。広告やマーケティングは欲しくもないものを買う気にさせる詐欺だ、などと。

でも、そんなことはそもそも不可能なのです。人の心の根っこにある「必要」を創り出すことができるのはきっと神様だけです。

だからマーケターの仕事は、まず何より、その根っこにある「必要」を理解することなのです。

そして、それに応えてあげることです。

その人が心の深いところで必要としていることは、めったに表には出てきません。ましてや言葉にされることはありません。

そこに何かがある、ということすら、他人はおろかその人自身にも隠されていたりするのです。

それを探し当てにいく、そして満たしてあげにいくというのは、少し大袈裟に言えば、人間や人類に対する愛と言ってもいいのではないかと私は思います。

アコさんのいないケーブでは、講義が終わった後の沈黙も質が違うように感じられた。遠くに風の音が微かに聞こえる、山奥の禅寺のような深い沈黙だ。

ハカセの最後の言葉を聞いて、アコさんがなぜ僕や桃太郎さんのキャリアアップをあれほど熱心に支えてくれていたのか、その理由が何となくわかった気がした。

というより、そこに理由なんてない、ということがわかったのかもしれない。

目の前に怪我をしてうずくまっている人がいたら、その人に声をかけ手を差し伸べるのに理由などいらない。

それは何か別の目的を達成するための手段ではない。それそのものが目的なのだ。

その人が心の深いところで必要としているものは、めったに表には出てこない。表には出てこなくても、本人が自覚していなくても、そこには生きるために、幸せに働くために切実に求めている何かがあるに違いない。

それがわかっているのなら、それを探し当て、満たしてあげようとするのは、目の前で怪我をしてうずくまる人に手を差し伸べるのと同じなのかもしれない。

それがアコさんの日常であり、生き方なのかもしれない。

そうして手を差し伸べてもらった人がするべきことは、では何なのだろう。

逆にその人が苦しんでいるときに、今度は自分が手を差し伸べてあげる？

自分も同じように、誰かに手を差し伸べられる人になる？

そんなことができる自信がすぐには持てないなら、それを「当たり前」ではなく「ありがたい」と感じ、その人をリスペクトすることくらいでしか心のつかえは軽くできそうにない。

アコさんはなんで桃太郎さんをあんなに熱心に支えていたのか？　なんで僕をこんなにサポートしてくれているのか？

ただその理由を探ろうとするだけで、そこにリスペクトもなければ感謝もなかった自分を思うと、僕は頭から血の気が引く感じがした。

桃太郎さんは、この講義をいつどうやって聞いたのだろう。

録音には桃太郎さんの声が入っていなかったので、もしかしたらサボっていて後で1人で聞いたのかもしれない。

そのとき桃太郎さんはどんな顔をして、何を考えていたのだろう。

オペレーターの心地よいほろ酔いはもう完全に醒めていた。

同時に、バーカウンターでアコさんにＬＩＮＥを打っていたときの、あのどこか上気した気分も完全に消え去っていた。

スマホを手にとってＬＩＮＥのアイコンをタップすると、アコさんとのトーク画面が直接開き、僕が先ほど入力したテキストが表示された。


後輩のライブ、ちゃんと行きました！　録音データの共有、ありがとうございます。ところで、別件の相談なのですが、アコさんに僕のＨＲＣＰになっていただくことって可能なのでしょうか？

僕はテキストをすべて選択し、消去した。そして、こう入力しなおした。

後輩のライブ、ちゃんと行きました。録音データの共有、ありがとうございます。そして、いつもサポートしていただき、本当にありがとうございます。

この先はしばらく、ハカセの講義とは僕1人で格闘してみます。

でも、ジムの後のとまり木はたまに行きましょう。

ハカセの講義ではなくて、たまにはアコさんの愚痴を聞きたいです。


ケーブから顔を出してバーカウンターの佐々木さんを見ると、いつもの人懐っこい笑顔で「うす」とこちらにうなずいてみせた。

僕は静かにうなずき返すと、送信ボタンを押した。


その日は朝から息をつく間もなかった。

少し早めに会社に着くなり、前日深夜に送った資料に対する上司からの修正指示メールを待ちながら、リモート会議用の個室ブースにこもってプレゼンの練習を繰り返した。

10時すぎに届いた修正指示は想像していたより多く、プレゼンの練習は二まわり目の途中で強制終了となった。

プレゼンは12時30分からだ。過去最高のパフォーマンスでこなせばなんとかギリギリ間に合うか、というレベルの資料修正ミッションに、今日は日課のコーヒーも飲んでいない胃がキリキリと痛む。

こんなとき、個室ブースは重宝する。フレックスのコアタイムぎりぎりに出社してきた同僚に、のんきに話しかけられる心配などないからだ。

10分前に何とかすべての修正を完了させ、Slackで上司に最新版のプレゼン資料を共有すると、本部長会議室のある20階まで僕は階段を駆け上った。

プレゼンは、何とかつつがなく終わった。

その後、主に上司と本部長の質疑応答が続き、案件は無事承認となった。

上司からも同僚からも、僕のプレゼンに対する評価はとくに何もなかったが、承認が下りたことでチームは全員ハイテンションだった。


自席に戻ると、朝に買ったセブン-イレブンのホットコーヒーがアイスコーヒーになっていた。それをウィスキーのようにチビチビと飲みながら、無視していたメールにひととおり目を通した。時計の針は間もなく2時を指そうか、というタイミングだった。


中目黒駅からほど近いオフィスのまわりには、供給過多なくらいランチスポットが充実しているのだが、2時をすぎるとどこもランチ営業を終わらせてしまう。

僕は慌ててカバンから財布を取り出し、ジャケットも着ないままエレベーターホールに小走りで向かった。


エレベーターが開くと、桃太郎さんとアコさんが2人で乗っていた。

2人ともカバンを持っているので商談にでも出かけるのだろう。

トイレやランチに行くときでさえ、スーツとネクタイのスタイルを崩さない桃太郎さんの行く先を、社員はみんなおなじみの黒いアルミのアタッシェケースで判断するのだった。

僕が頭を下げながら乗り込むと、アコさんが「一郎くんお疲れ」と声をかけてきた。

すると、難しい表情でスマホをいじっていた桃太郎さんが顔をあげ、僕を見た。

「ビジネス界のイチローになる」

そう独り言のようにつぶやく桃太郎さんは、「だよな?」と僕に問いかけているようだ。

桃太郎さんが僕を覚えてくれていたとは驚きだった。

なにせこうして面と向かって会話をするのは、7年前のあの面接以来だ。

「はい、あのときの一郎です」と答えるのも何か変だし、「覚えていていただきありがとうございます」とへりくだってもアコさんに笑われそうな気がした。

そんな心地よいパニックに襲われながら、愛想のいいペンギンのようにヘラヘラと頭を下げているうちに、エレベーターは1階についた。

「開」ボタンを押して2人が出るのを待っていると、横を通りすぎる桃太郎さんが僕の目を見ながらこう言った。

「負けないぞ」

それは茶化すような表情でも、あやすような口ぶりでもなかった。本当に僕をライバル視して、静かに戦いを挑むような言い方だ。僕は唇を固く結んで一礼した。

2人がエントランスから出て春の太陽の光に吸い込まれていくのを見ながら、僕は口に出してこう呟いてみた。

「ぼくも負けませんよ」

# 必要とされる

- ニーズ（根っこにある欲求）→
ウォンツ（一般名詞）→デマンド（固有名詞）
- ウォンツとデマンドが溢れる現代社会では、
ニーズはなかなか顧みられない
- ウォンツをニーズのレベルまで掘り下げて、
そこから逆立ちで新しいウォンツを生み出す

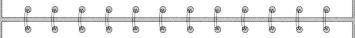

## 《ニーズ、ウォンツ、デマンド》

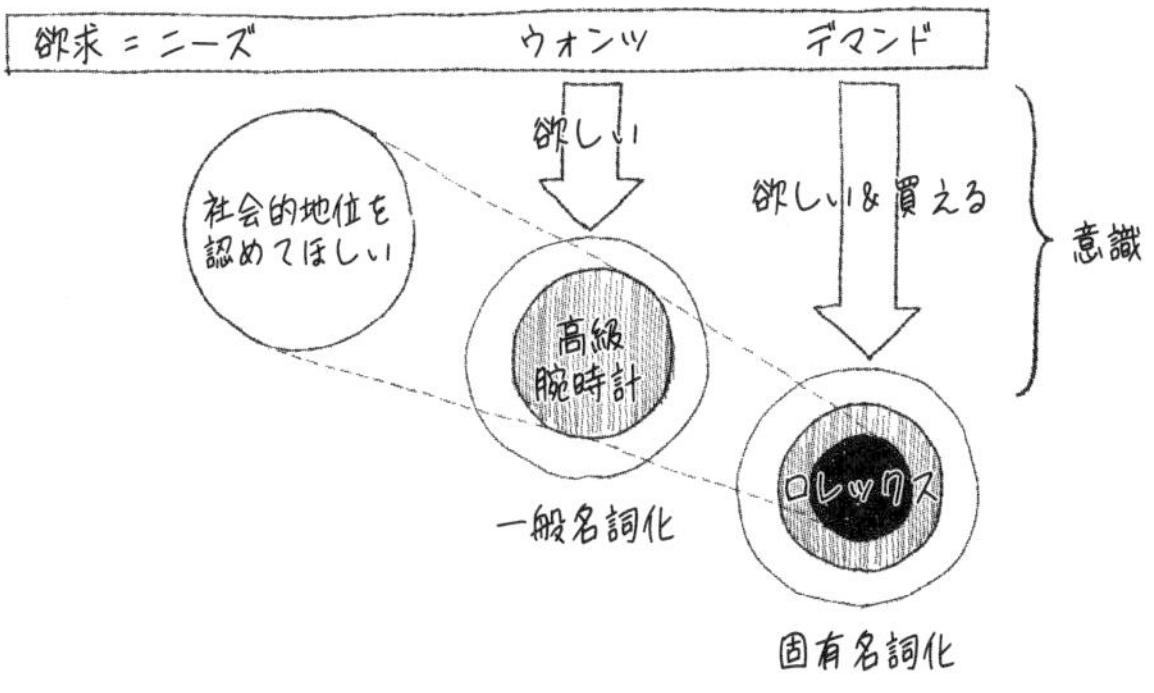

# エピローグ

こうしてとまり木でアコさんとしっかり話すのは1年ぶりだ。

たまにはアコさんの愚痴を聞きたいです、なんて自分で言い出しておきながら、いざ声をかけるとなるとなかなか踏ん切りがつかずに、気づけば1年という月日がすぎてしまっていた。

何より、まずその前にハカセの講義をコンプリートしておきたかったし、その上で1つくらいは、それをキャリアに応用したオリジナルの成功例をつくっておきたかった。

しかし、孤軍奮闘だったこともあり、当然ながら桃太郎さんの成功を後知恵で聞くようにはスムースにはいかなかった。

大きな仕事を成功させたとか、何かしらの大役を任された、みたいなことがあればきっかけはそれでもよかったのかもしれない。

ただ、悲しいかな、それまで7年やってきて一度もなかったことが、ここ1年で急に降って湧くものでもない。

もっとも、アコさんとはその間も職場ではよく顔を合わせた。キックボクシングでは、帰りの時間こそお互い何となくズラしてはいたものの、練習の合間によく雑談もした。

だからこうして1年ぶりにケーブで向き合っていても、久しぶりという感覚は僕にはあまりなかった。

「すいません、たまには僕がアコさんの愚痴を聞きます、なんて言っておきながら、結局あれから一度も愚痴を聞けてないですね」

「愚痴を聞くのはバーテンダーの仕事だから大丈夫だよ」

そうして僕ら2人の視線を受ける佐々木さんが、相変わらずヘラヘラしていることは言うまでもない。

「それより、今日は久しぶりに一郎くんの話を聞きたいなって思って」

久しぶりにどう?とLINEで声をかけてくれたのはアコさんのほうだった。

渡りに船とはまさにこのことだった。ここのところ、僕はどうしてもアコさんの意見を聞きたい相談事を抱えていたのだ。

「あんまり変わらないですね、情けないことに。何か大きな仕事を成功させたわけでもなく、何かしらの大役を任されたわけでもなく」

「夢ちゃんから聞いたけど、一郎くん、夢ちゃんたち同期のキャリアの相談に乗ってあげてるんでしょ?」

「相談に乗るって言っても、ただ話を聞いてるだけですけどね。あの子たちとは後輩の路上ライブで知り合って、その後カラオケに行ってLINEを交換してから、なんかいろいろと相談が来るようになりました。僕、後輩から舐められることに関しては昔から自信あるんですよね」

「舐められたり、いじられたりするのも才能なんだよ。誰に対しても壁をつくらないっていう才能。それに話を聞くだけ、っていうけど、それが意外と難しいんだよね」

「難しいかどうかはわからないですけど、けっこう疲れますね。そういうのわかるな、っていろいろと感情移入しちゃうんで」

「そうやって聞き手にちゃんと『共感』してもらえると、自分には見えない自分の内面を鏡に映して見せてもらえるから、話し手は自分の考えが整理できたりするんだよね。そうするとへたにアドバイスしなくても、話し手は自分で答えを見つけることができたりする」

「そんな感じで後輩たちが自分で答えを見つけるのは、見てて楽しいですし、すごく嬉しいですね。最近は自分で何かを成し遂げたり、自分が評価されるより、そっちのほうがぜんぜん嬉しいんですよ。まあ、僕が何かを成し遂げたり、評価されることがほとんどないってだけの話でもあるんですけど」

「一郎くんがやってるのは立派な『コーチング』だよ。相手が話をしやすいように心の壁を下げる。相手に共感して相手の内面をリフレクションする。そういうのは実は、コーチングのテクニックだったりするんだよ」

そうこう話をしているうちに、アコさんにアドバイスしてもらいたかった相談事には、自分の中で自然と答えが出始めていることに僕は気づいていた。

「僕、入社してからこれまでずっと営業だったんで、営業以外のキャリアって考えたことなかったんですよね。いまはクビにならないようにしっかり実績を上げなきゃって毎日冷や汗かいてますけど、最初は結果を出して評価されてマネージャーになりたい、なんて思ってたりもしました」

アコさんは真顔で僕を見てうなずく。

「でも、そういうすでにあるポジションって、会社の中の誰かのニーズが具体化した1つのかたちなんだって気づきました。誰かに意思決定してほしいっていうニーズを、○○がいてほしいっていうウォンツの対象にしたのが本部長とか社長だったり。一方で、会社のどこを探してもまだウォンツとして形になってはいないけど、自分が叶えてあげられる誰かのニーズはあるのかなって思うんです」

僕がそう言うとアコさんは大きく2回うなうずいた。

「後輩たちの、誰かにカジュアルに相談がしたいっていう思いは、僕が応えてあげられるそんなニーズの1つなのかな、なんて思ってます。それで気づいたんですが、当時あったそんな誰かのニーズをウォンツの対象として具体化するために、アコさんはHRCPってポジションをつくったりしたんですかね?」

アコさんは、急に緊張が解けたように表情を崩す。

「僕いま、HRCPをやってみたいなって思ってるんです。HRCPってちょっとだけ敷居高い気がするんですが、誰からも舐められがちな僕がやれば、後輩たちみたいにカジュアルに相談してくる人も増えるのかなと思って。希望が通るかどうかわかりませんが」

「いいじゃない」

「そして、将来的には、そんな誰かの言葉にならないニーズを探り当てて、ウォンツの対象として形にしたような、新しい仕組みやポジションをつくってみたいんです。アコさんがHRCPをつくったみたいに」

「うん、とてもいいと思うよ」


アコさんはあっさりとそう言った。

僕は二の句を待ったが、アコさんは何も言わずハイボールの氷を見つめている。

僕は大きく2回うなずいてみた。しかし、そこから何も言うことが思いつかなかった。

控えめな音量のBGMが、水圧の差を埋める水流のように静かなケーブの中に流れ込んできた。

手持ち無沙汰にフォークを手にとってナポリタンの残りをつついていると、突然どこからともなく女性の歌声がフェードインしてきた。

とても小さな声なのだが、不思議なほどよく通る透き通った歌声だ。

気づけば目の前のアコさんが、店内のＢＧＭに合わせて歌を口ずさんでいた。

アコさんがこんな風に歌を歌うのは珍しい。

こうしてケーブで向き合うようになる前、社内の飲み会で一緒になった後にみんなで行ったカラオケでは、終始楽しそうにはしていたが、結局自分では何も歌わなかった記憶がある。

「あれ、この曲、桃太郎さんのインスタライブでたまにかかってますよね。桃太郎さんのインスタのほうはレゲエ調でアレンジが違いますけど」

「ベイビー・アイ・ラブ・ユア・ウェイ。『リアリティ・バイツ』っていうアメリカの青春映画の挿入歌で、私たちが高校生だったころのヒット曲なんだ」

「高校生のころなら、桃太郎さんと一緒に聴いてたってわけではないんですね」

そう尋ねると、アコさんは僕から目を逸らして、壁に備えつけられた間接照明を見上げた。

僕は僕でケーブの外を見やると、カウンターの裏の棚に並んだお酒の瓶が目に飛び込んできた。

以前桃太郎さんがインスタライブで紹介していた、お洒落なプレミアム・テキーラはここに並んでいるのだろうか。


「『ストレンジャー・シングス』って観てる？」

「ネットフリックスのですよね？　観てます。面白いですね」

「あれに出てくる主人公のお母さん役のウィノナ・ライダーが、世界でいちばん可愛い22歳だったころの映画。私たちの世代であの映画を観た人は、だいたい何年後かにもう1回観るんだよね」

「名作なんですね」

「それもあるんだけど、あの映画ってタイトルのとおり『社会の現実は厳しい』ってお話なの。ウィノナ・ライダーは大学を卒業して憧れていたテレビの仕事を始めるんだけど、雑用ばかりで『思っていたのと違う』ってなって葛藤する」

「新社会人あるあるですね」

「男女4人の共同生活を描いた映画なんだけど、みんなそれぞれの『思っていたのと違う』を生きてるの。イーサン・ホークが演じる主人公は、哲学に詳しくて頭はいいんだけど、社会人になりきれないバンドマン崩れだったり」

「その映画気になってきました」

「高校生のころはそんな葛藤とか挫折を『かっこいい！』って思って、むしろ憧れの目で観るんだけど、その何年後かに実際に社会人になると、まさにそれを自分で実体験するわけじゃない」

「それで『これか！』って思いながら見返すわけですね」


僕がそう言うと、アコさんはなぜか吹き出すように笑った。


「新卒のころさ、同期4人で部屋飲みしたときに、その子の部屋にDVDがあったんだよね。まさに『リアリティ・バイツ』って感じの共同生活みたいなシチュエーションだったから、いまからみんなで観ようって話になった」

「桃太郎さんもいたんですか？」

「桃太郎はいちばんしみじみ見入ってたよ」


そのころ、誰よりも激しくリアリティーにバイトされて（噛みつかれて）いたのは、他ならぬ桃太郎さんだったわけだ。

一方のアコさんは、そのときはまだ順調だったものの、その後アメリカでより厳しい洗礼を受けることになる。

「アコさん、アメリカ生活の1年目に好きな映画を何度も観てたって言ってましたけど、それってもしかしてこの『リアリティ・バイツ』のことだったんですか?」

ずっと視線を安定させずに話していたアコさんが、そう言うと急に僕の目をじっとみた。

しかし、僕の質問への答えは、時空の歪みがつくり出すエアポケットに吸い込まれてしまったようだ。

「この曲はいま聴いてもやっぱりいい曲だな。カバーだって聞いたことがあるから、きっとこっちがオリジナルなのかな」

「ベイビー・アイ・ラブ・ユア・ウェイでしたっけ。どういう意味なんですか?」

「君のやり方が好きだよ、ってことじゃない?　つまり、君の生き方が」

それはとても素敵な相手へのリスペクトだな、と思った。

厳しい現実に噛みつかれて、そこから逃げ出し、殻にこもっては自分を見つめ直し、ふたたび恐る恐る一歩外に踏み出す。

そうして少しずつ築いてきた自分のやり方・生き方は、自分からするとまったく格好のいい代物ではない。むしろ情けない、格好悪い自分の集大成だったりもする。

君のやり方が好きだよ。
君の生き方が好きだよ。
そんな一言は、その情けない、格好悪い奮闘のすべてを肯定し、祝福する魔法になるのかもしれない。

「僕はアコさんの生き方が好きですよ」

気づいたら、そんな言葉が口をついて出ていた。

アコさんは目を丸くし、そして力が抜けたように微笑みながら右目を拭った。

# 参考文献


## 【書籍】

斎藤忍随
『プラトン』岩波書店

田中洋
『ブランド戦略論』有斐閣

バイロン・シャープ
『ブランディングの科学――誰も知らないマーケティングの法則11』朝日新聞出版

フィリップ・コトラー、ケビン・レーン・ケラー、アレクサンダー・チェルネフ
『コトラー &ケラー &チェルネフ マーケティング・マネジメント』丸善出版

Al Ries, Jack Trout,
*The 22 Immutable Laws of Marketing,* HarperCollins

David Ogilvy,
*Ogilvy on Advertising,* Prion Books Ltd.

Doris Kearns Goodwin,
*Team of Rivals: The Political Genius of Abraham Lincoln,* Penguin

## 【Webサイト】

「ダイエー、不振の20年が示す『革命』の代償」
https://toyokeizai.net/articles/-/76642

「データサイエンス・AIと共生する豊かな社会へ　鍵を握る文系学生の教育」
http://www.mi.u-tokyo.ac.jp/consortium/topics12.html

「トヨタ セルシオの価格・新型情報・グレード諸元」
https://kakaku.com/item/70100110040/

「【2023年版】牛丼チェーンの店舗数ランキング」
https://www.nipponsoft.co.jp/blog/analysis/chain-gyudon2023/

「パナソニック『宣伝広告は義務』創業から貫く深いワケ」
https://dot.asahi.com/articles/-/125917

「レクサス ＬＳ（LS）ＬＳ４６０（2007年８月）カタログ・スペック情報」
https://www.goo-net.com/catalog/LEXUS/LS/10048600/

「『私には夢がある』（1963年）」
https://americancenterjapan.com/aboutusa/translations/2368/

"Dove Our mission is to make a positive experience of beauty accessible to all women"
https://www.unilever.com/brands/beauty-wellbeing/dove/

"Dove Our vision"
https://www.dove.com/us/en/stories/about-dove/our-vision.html

"Lemon: Volkswagen Ad that Forever Changed America"
https://www.madx.digital/learn/lemon-volkswagen-ad

"Miller saw the Lite and figured out how to sell it"
https://www.chicagotribune.com/dining/ct-rosenthal-miller-lite-beer-0301-biz-20150228-column.html

"What's The big ideaL?"
https://www.ogilvy.com/sites/g/files/dhpsjz106/files/pdfdocuments/Ogilvy_WhatsTheBigIdeaL.pdf

【著者紹介】
**井上大輔**（いのうえ　だいすけ）
ソフトバンク株式会社 コンシューマ事業推進統括 プロダクト本部 新規事業開発統括部 統括部長。
ニュージーランド航空、ユニリーバ、アウディジャパンでマネージャーを歴任。ヤフー株式会社 マーケティングソリューションズ統括本部 マーケティング本部長、ソフトバンク株式会社 コンシューマ事業統括 コミュニケーション本部 メディア統括部長を経て現職。
WASEDA NEO「早稲田マーケティングカレッジ」並びに「『人生の可能性』を広げるビジネスパーソンのための本づくり講座」講師。

幸せな仕事はどこにある
本当の「やりたいこと」が見つかるハカセのマーケティング講義

2024年7月11日発行

著　者——井上大輔
発行者——田北浩章
発行所——東洋経済新報社
〒103-8345　東京都中央区日本橋本石町 1-2-1
電話＝東洋経済コールセンター　03(6386)1040
https://toyokeizai.net/

ブックデザイン………………成宮　成（dig）
Ｄ Ｔ Ｐ………………………キャップス
カバー・本文イラスト………水谷慶大
本書のコンセプトイラスト……背景倉庫（PIXTA）
本文図表イラスト……………イラスト工房
印刷・製本……………………丸井工文社
編集担当……………………桑原哲也
©2024 Inoue Daisuke　Printed in Japan
ISBN 978-4-492-04758-3
本書のコピー、スキャン、デジタル化等の無断複製は、著作権法上での例外である私的利用を除き禁じられています。本書を代行業者等の第三者に依頼してコピー、スキャンやデジタル化することは、たとえ個人や家庭内での利用であっても一切認められておりません。
落丁・乱丁本はお取替えいたします。